Carsten Henn

111 deutsche Weine, die man getrunken haben muss

Mit Fotografien von Tobias Fassbinder

emons:

Bibliografische Information der Deutschen Nationalbibliothek
Die Deutsche Nationalbibliothek verzeichnet diese Publikation
in der Deutschen Nationalbibliografie; detaillierte bibliografische
Daten sind im Internet über http://dnb.d-nb.de abrufbar.

© Emons Verlag GmbH
Alle Rechte vorbehalten
Gestaltung: Eva Kraskes, nach einem Konzept
von Lübbeke | Naumann | Thoben
Druck und Bindung: B.O.S.S Medien GmbH, Goch
Printed in Germany 2016
Erstausgabe 2011
ISBN 978-3-89705-849-1
Aktualisierte Neuauflage März 2016

Unser Newsletter informiert Sie
regelmäßig über Neues von emons:
Kostenlos bestellen unter
www.emons-verlag.de

Für meinen Onkel Heinrich Burbach,
genannt Sir Henry, den Mann mit den sieben Leben

Liebe Weingenießer,

111 deutsche Weine klingt nach viel – doch es ist nichts im Vergleich zu den vielen spannenden Weinen des Landes. Jeder gute Tropfen ist eine Welt für sich, jede Lage eine neue Galaxie. Und so gut wie keiner kostet mehr als 25 Euro.

Mir blutete das Herz, als ich die Auswahl treffen musste, denn vor allem hieß es: weglassen. Allein mit Moselweinen hätte ich dieses Buch komplett füllen können, aber dann wäre es nur um Riesling gegangen. Und obwohl dies die aufregendste Rebsorte der Welt ist, hat das Weinuniversum noch viel mehr zu bieten. Für diesen Satz werden sie mich jetzt sicher nicht mehr an die Mosel lassen …

Dieses Buch ist für Weinentdecker und solche, die es werden wollen. Für Abenteurer, für Mutige, die auch zu den unbekannten Gestaden der Weinmeere segeln wollen.

Es gibt Seltenes, Uraltes, Verrücktes, Mutiges, Preis-Genuss-Champs, einen Pinot-Grigio-Killer, Zeitreisen im Glas, Blicke in die Zukunft und auch ganz einfach Großartiges, erotische Gaumenschmeichler und Weine, die wie die Küsse einer Hollywood-Göttin schmecken (oder eines Hollywood-Gottes, je nach Gusto).

Es ist nicht leicht, diese Weine zu finden, denn obwohl es noch nie so viele gute Weine gab wie heute, sind auch viele Blender unterwegs. Austauschbare Allerweltstropfen ohne Persönlichkeit – Langweiler im Glas. Doch wie soll man diese früh genug erkennen? Die Etiketten werden immer schicker, die Namen vieler Weinlagen klingen edel und wichtig, obwohl einige davon Kartoffeläcker benennen. Man könnte meinen, der deutsche Weinbau mache es den Weingenießern extra schwer. Getreu dem Motto: Einfach kann jeder.

Aber Angst braucht man nicht zu haben. Weder vor der hochgestochenen Weinsprache noch vor dem persönlichen Unwissen, denn entscheidend ist und bleibt der eigene Geschmack. Und kein Geschmack ist besser als der andere. Lassen Sie sich das bloß niemals einreden. Das ist Geschmacks-Diktatur – und von Diktaturen haben wir nun wirklich genug gehabt.

Dieses Buch soll vor allem eines: Lust machen auf eigene Entdeckungen. Ruhig mal eine Rebsorte probieren, die man noch nicht kennt, auch mal einen feinherben oder richtig süßen Wein ins Glas hineinlassen, die Scheuklappen ablegen und probieren, probieren, probieren. Oder besser: genießen, genießen, genießen.

111 Startpunkte für Entdeckungsreisen. Die ihren Eintritt wirklich wert sind. Und die Eintrittskarten sind flüssig.

Zum Wohle!

Anmerkung:

Eines der schönsten Dinge am Wein ist, dass er sich wie das Leben verhält. Kein Jahr ist wie das andere. Und damit schmeckt jeder Wein, schmeckt jede Lage auch in jedem Jahrgang ein bisschen anders. Manchmal ändert ein Winzer von einem Jahr aufs andere auch das Cuvée leicht. Und als wären das noch nicht genug Unterschiede, reift ein Wein in jedem Genießer-Keller auf einzigartige Weise. Deshalb sind die Beschreibungen von Geruch und Geschmack in diesem Buch vor allem Momentaufnahmen. Wenn Sie den Wein genießen, kann er sich genau so präsentieren, vielleicht trifft aber auch nur eine Beschreibung zu, vielleicht sogar keine. Das liegt dann nicht an Ihnen, (hoffentlich) nicht an der Flasche – und auch nicht an diesem Buch. Es liegt daran, dass jeder Weinjahrgang eine Persönlichkeit ist und sich wie ein Kind ganz individuell entwickelt. Wer absolute Sicherheit will, darf nur Cola trinken – aber wäre das nicht schrecklich öde?

Preisgruppen
• 5–10 Euro | •• 10–15 Euro | ••• 15–20 Euro | •••• 20–25 Euro | ••••• über 25 Euro

111 Weine

Franken

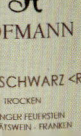

Nahe

Rheingau

Rheinhessen

Württemberg

Anhang

Ahr

Die Ahr ist sicher eines der schönsten deutschen Weinanbau-
gebiete – und eines der kleinsten. Auf gerade einmal 25 Kilometer
Länge wird Wein angebaut. Rund 500 Hektar Weinberge gibt es,
vor allem mit roten Rebsorten wie Spätburgunder, Dornfelder,
Portugieser oder Frühburgunder bestockt. Wobei Letzterer eine
lokale Spezialität ist, die sogar in die »Arche des Geschmacks«
der Slow-Food-Bewegung aufgenommen wurde.

In früheren Jahren war das Ahrtal beliebtes Ausflugsziel von
Bustouristen, und es galt der Spruch: »Wer an der Ahr war und
weiß, dass er da war, der war nicht an der Ahr.« Heute kommen
die Scharen eher, um den wunderschönen Rotwein-Wanderweg
entlangzuspazieren – und erst danach dem Roten von der Ahr
zuzusprechen. An der Ahr sind einige von Deutschlands besten
Rotwein-Winzern beheimatet, deren Weine durch die Schieferböden des Tals eine ganz besondere Note besitzen.

1 Klein, aber oho

Walporzheimer Gärkammer Spätburgunder trocken ••••

Lange hielt sich die Legende, die »Walporzheimer Gärkammer« sei mit ihren 0,64 Hektar die kleinste Weinlage Deutschlands – das ist sie nicht (sondern der 44 Ar große Burkheimer Schlossberg am Kaiserstuhl). Trotzdem zählt sie zu den absoluten Winzlingen in Deutschland. Gemäß der Definition einer Einzellage nach dem deutschen Weingesetz aus dem Jahr 1971 ist sie für eine solche sogar zu klein. Was völliger Blödsinn ist, weswegen alle begrüßen, dass sich in diesem Fall niemand daran hält.

Die Gärkammer ist aber nur von ihrer Größe her ein Winzling. Von der Qualität her gehört sie zu den Riesen unter Deutschlands Weinbergen. Der Schriftsteller Johann Gottfried Kinkel beschrieb sie 1849 als edelste Lage des ganzen Tals. Sie hat wirklich alles, was eine Weinlage von Weltruhm braucht: Sie ist unfassbar steil, sie ist nach Süden ausgerichtet, und als besonderer Pluspunkt kommt noch der Schieferverwitterungsboden hinzu, der den Weinen eine besonders elegante Struktur verleiht. Außerdem steht hier bis auf ein paar Portugieser-Rebstöcke nur die edelste Rotweinsorte der Welt, der Spätburgunder.

Heute gibt es nur einen Betrieb, der hier Wein erzeugt, denn der Familie Adeneuer gehört die komplette Gärkammer. Und diese XXS-Weinlage bringt einen ganz außergewöhnlichen Spätburgunder hervor. Man kann ihn durchaus heißblütig nennen, was bei der Lage auch nicht wundert. Schließlich stammt ihr Name von der Hitze, die sich hier im Sommer findet. Es ist so heiß hier, dass die Adeneuers alljährlich 1.500 Ballen Stroh in den Weinberg tragen, damit die Feuchtigkeit im Boden gehalten wird.

Man kann an den Abbruchkanten des ehemaligen Steinbruchs gut erkennen, wo die Gärkammer liegt. Von hier holte man früher die Steine, mit denen die Mauern in den terrassierten Weinberg gebaut wurden. Was für ein Glück, dass mittlerweile Wein hier wächst. Adeneuers führen ein reines Rotweingut, und die Tropfen sind mit ihrer samtig-betörenden Art vielleicht die typischsten Ahrweine überhaupt. Und die Gärkammer ist ihr größter Stolz.

Weingut Adeneuer | Max-Planck-Straße 8 | 53474 Ahrweiler | Tel. 02641/34473 | www.adeneuer.de | JJAdeneuer@t-online.de

2 Ahrtaler Geheimnis

Chardonnay trocken •••

Das Weingut Deutzerhof ist wohl der Allrounder schlechthin an der Ahr. Grandiose, aristokratisch feine Spätburgunder (vor allem vom Altenahrer Eck), tolle Sekte, der beste Rosé, der beste Dornfelder und der beste Portugieser des Tals, dazu faszinierende Rieslinge in trocken wie süß.

Und ein Chardonnay. Spätestens an dieser Stelle stutzen Weinfreaks. Ein Chardonnay von der Ahr? Ja, gibt es, aber nur hier, und die Menge ist so gering, dass er manchmal gar nicht auf die Karte kommt und nur unter der Hand verkauft wird. Und das geht immer ganz schnell. Kein Wunder, denn Hans Lüchau schafft es (wie sein berühmter Vorgänger Wolfgang Hehle es ihm beibrachte), einen Chardonnay mit nördlicher Frische und Eleganz zu schaffen, der saftig und unwahrscheinlich klar in seiner Aromatik ist. Der Wein kann zwar gut reifen, wird dann ungemein buttrig, doch ist er in der Jugend schon köstlich – und verschönert den Sommer.

Seine genaue Herkunft steht nicht auf der Flasche, hier soll sie jedoch verraten werden: Er wächst in Lohrsdorf auf Lehm-Lössboden, der auf Schiefer-Verwitterungsgestein mit leichtem Kalkanteil liegt. Viele legen Chardonnay lange ins neue, kleine Holzfass, das Barrique. Der Deutzerhof Chardonnay wird nur während der Gärung vom Holz geküsst, denn seine Frische und seine Spritzigkeit sollen erhalten bleiben.

Ein Besuch des Weinguts lohnt nicht nur wegen der tollen Weine, sondern auch weil es der optisch beeindruckendste Betrieb vor Ort ist. Wie eine weiße Auster liegt er im Parabolspiegel der imposanten Lage Mayschosser Mönchberg, den man während der Probe im Wintergarten bewundern kann. Man sollte Zeit mitbringen, genau wie man auch Zeit für die Weine des Deutzerhofs braucht, die sich erst langsam auf der Flasche entfalten. Sie sind wahrhaftig »Slow Food«, doch die Geduld wird belohnt. Hier werden keine Fruchtprotze gekeltert, keine Blender und Jungspunde, sondern Weinpersönlichkeiten mit Stil und Manieren.

Weingut Deutzerhof | Deutzerwiese 2 | 53508 Mayschoß/Ahr |
Tel. 02643/7264 | www.deutzerhof.de | info@deutzerhof.de

Deutzerhof

CHARDONNAY

COSSMANN-HEHLE
WEINBAU SEIT 1574

3__ Ein Ureinwohner

Frühburgunder »C« trocken ••••

Das Ahrtal hat einen Ureinwohner – und er ist verdammt lecker. Sein Name: Frühburgunder. Und vor einigen Jahrzehnten sah es aus, als würde er nicht überleben. Vor allem, weil die Rebsorte einfach nicht genug Trauben erbrachte.

Doch im Ahrtal, vor allem im Örtchen Bachem, hielt man ihr die Treue. In den 1970er Jahren erweckte die Forschungsanstalt Geisenheim sie dann zu neuem Leben, indem sie einen Frühburgunder züchtete, der zuverlässiger im Anbau ist. Heute werden in Deutschland rund 140 Hektar mit der Rebsorte angebaut, die größte Anbaufläche findet sich an der Ahr mit rund 30 Hektar.

Der Frühburgunder ist eine Mutation des Spätburgunders – das klingt jetzt nach radioaktiven Strahlen und Godzilla, ist aber eine ganz natürliche Sache, die ständig im Weinberg passiert. Der Frühburgunder ist einfach entstanden.

Und was unterscheidet ihn nun von seinem großen Bruder? Der Name gibt es preis, die Rebsorte ist in der Regel zwei Wochen früher reif als der Spätburgunder.

Die Weine sind samtiger als der Spätburgunder, haben weniger Säure, dafür mehr Frucht und in reifen Jahren viel Alkohol, duften häufig nach Erdbeeren und leicht rauchig. Jahre mit kühlen Sommern sind gute Frühburgunderjahre.

Doch es ist eine Traube, die schwer zu meistern ist. Das Weingut Kreuzberg ist ein wahrer Meister dieser Kunst. Ihr Frühburgunder ist ein echter Schmeichler. Es gibt noch eine teurere Variante, die mehr vom Holzfass geprägt ist, doch ich liebe den »C«, denn der ist Frühburgunder pur: Frucht, Würze, samtig und gefällig.

Bei den Kreuzbergs werden alle trockenen Rotweine in Barrique-Fässern ausgebaut – auch der im Ahrtal seltene Cabernet Sauvignon mit Namen »Casanova«. Das Weingut hat auch eine der ältesten Straußwirtschaften des Ahrtals mit Hofgarten und überdachter Weinlaube.

Da schmeckt der Wein natürlich besonders gut.

Weingut H. J. Kreuzberg | Schmittmannstraße 30 | 53507 Dernau |
Tel. 02643/1691 | www.weingut-kreuzberg.de | info@weingut-kreuzberg.de

Kreuzberg

WEINGUT H.J. KREUZBERG · AHR

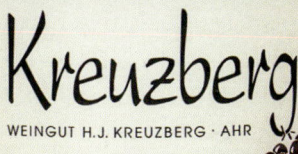

FRÜHBURGUNDER
FRÜHBURGUNDER

ROTWEIN

4__ Viva la revolución!

Spätburgunder »Blauschiefer« trocken •••

Die Geschichte dieses Weinguts, die Geschichte von Werner Näkel, wird im Ahrtal mittlerweile wie eine Legende erzählt. So wie Siegfried den Drachen erschlug, so führte Näkel das Ahrtal aus der Düsternis in die vinologische Moderne. Er begann als Erster, auf Qualität zu setzen und mit kleinen französischen Holzfässern, den Barriques, zu experimentieren, in denen der Wein feiner heranreift. Er öffnete die Tür für höhere Preise – und fast das gesamte Tal zog nach. Vorher gab der Massentourismus den Ton an – und entsprechend schmeckten auch die Weine …

Werner Näkel ist ein Visionär, deswegen besitzt er heute nicht nur sein Weingut im Ahrtal, sondern noch zwei weitere in Südafrika und Portugal – auch in diesen Ländern zählen Globetrotter Näkels Weine zu den besten. Sein Lebenswerk ist ehrfurchtgebietend. Und seine Ahrweine Kult. Sehr beliebt ist zum Beispiel sein Rotwein-Cuvée »Us de la meng« (rheinisch für: aus dem Handgelenk), doch richtig gut werden seine Tropfen ab dem Spätburgunder »Blauschiefer« aufwärts. Denn für den Spät- und Frühburgunder haben Werner Näkel und seine beiden Töchter Meike und Dörte ein Händchen. Nirgendwo geraten sie in der Jugend so betörend und fleischig wie hier. Und genau in dieser Prachtzeit sollte man sie auch genießen. Der Blauschiefer trägt seinen Namen wegen des Bodens, auf dem seine Reben stehen. Viele Röstnoten entströmen dem Glas, dazu Leder und eine reife Frucht. Das ist pure Ahr-Power. Natürlich bezahlt man hier auch für den berühmten Namen – doch diesen Namen musste sich Werner Näkel erst einmal hart erarbeiten. Dafür ist der Legenden-Aufschlag nur angemessen. Näkels Spitzenlagen sind der Dernauer Pfarrwingert und noch mehr der Walporzheimer Kräuterberg, dessen Weine eine faszinierende feine Würze aufweisen. Im englischen Weinmagazin »Decanter« errang Werner Näkel 2008 die »International Pinot Noir Trophy« – und ließ damit das Burgund und Amerika hinter sich. Er brachte das kleine Ahrtal damit auf die internationale Wein-Landkarte. Warum er gewann, lässt sich mit dem »Blauschiefer« erahnen.

Weingut Meyer-Näkel Ahr | Friedenstraße 15 | 53507 Dernau | Tel. 02643/1628 | www.meyer-naekel.de | weingut@meyer-naekel.de

MEYER-NÄKEL

BLAUSCHIEFER

SPÄTBURGUNDER | AHR

5_Krimi mit Happy End

Neuenahrer Schieferlay Spätburgunder trocken •

Ob Neuenahrer Burgunderfest, Ahrathon oder »Wine & Crime«, Marc Linden ist nicht nur als Winzer kreativ und engagiert, sondern auch als Veranstalter in Sachen Wein. So unterhaltsam wie seine Events sind auch seine Weine. Niemals verkopft, immer süffig, vollmundig und trinkig. Wein ist für den ebenso großgewachsenen wie sympathischen Linden ein Lebensgefühl – und sein Wein »Z« ist der Abenteuer-Aspekt dabei (fragen Sie ihn ruhig, was dahintersteckt). Beeindruckend ist seine Power (neben dem Weingut gibt es noch eine Straußwirtschaft und Gästezimmer) – die er sicher auch dank seiner Frau und seiner Kinder hat und dank seines leider verstorbenen Großvaters Norbert Görres, den er sehr verehrte. 2005 legte Marc Linden als bester Meister aller grünen Berufe in Rheinland-Pfalz seine Winzermeisterprüfung mit der Note 1,2 ab. Dass er ein kluger Kopf ist, hat er auch mit einer Erfindung gezeigt: ein Maischedurchflussentsafter. Ein cleveres Stück Technik, welches das Winzerdasein erleichtert und die Weinqualität steigert. Dabei passt Modernität eigentlich gar nicht zu dem Betrieb, der ein wenig der Bewahrer des guten Alten im Ahrtal ist. Alle setzen hier mittlerweile auf das französische Barrique-Fass, doch niemand so vorsichtig wie Marc Linden. Er will Weine, bei denen die Frucht spricht und nicht das Holz. Das vom Preis-Genuss-Verhältnis beeindruckendste Beispiel dafür ist der trockene Spätburgunder aus der Schieferlay, einer der Spitzenlagen Bad Neuenahrs. Ein ungemein leckerer Beweis, dass es auch an der Ahr im besten Sinne günstige Weine gibt. Das Tal hat den Ruf, sehr hochpreisig zu sein – jedoch darf man die harte und zeitintensive Arbeit in den Steillagen dabei nicht vergessen.

Marc Lindens trockener Spätburgunder von der Schieferlay duftet nach Weichselkirsche, Erdbeere und Hagebutte, er ist geschmeidig, doch mit Spannung, bietet feine Röstnoten und burgundische Gerbstoffe. Am Gaumen ist er vollmundig und mit toller Frucht. Unprätentiös, erdverbunden, ohne Schminke und Schischi. Ideal zur Stärkung auf dem legendären Rotwein-Wanderweg.

Weingut Sonnenberg | Heerstraße 98 | 53474 Bad Neuenahr-Ahrweiler |
Tel. 02641/6713 | www.weingut-sonnenberg.de | info@weingut-sonnenberg.de

Sonnenberg

Schieferlay
Spätburgunder

Trocken

Gutsabfüllung

Baden

Viele Weingenießer verbinden mit Baden vor allem den Kaiserstuhl, diese mächtige Erhebung, die heute aussieht wie die Trittleiter eines Riesen – doch da gibt es noch viel, viel mehr. Das Markgräflerland zum Beispiel, berühmt für seinen Gutedel, den Tuniberg und die Ortenau, wo der Riesling noch Klingelberger heißt. Baden ist das ausgedehnteste (rund 400 Kilometer Länge) und vielseitigste aller deutschen Weinbaugebiete. Rund 16.000 Hektar Weinberge gibt es hier, das ist Platz drei in Deutschland. Im Vergleich zu nördlicheren deutschen Anbaugebieten wird es auch enorm heiß, weswegen es als einziges deutsches Gebiet zur Weinbauzone B zählt (so wie unter anderem das Elsass, die Champagne und das Loiretal). Als heißeste Weinlage Deutschlands gilt übrigens der Ihringer Winklerberg am Kaiserstuhl.

Berühmt ist Baden vor allem für seine Burgunder, doch auch mancher Riesling oder Silvaner kann hier richtig gut geraten. Der Spätburgunder bedeckt mehr als ein Drittel der Fläche, wobei badische Weine dank der vielen Sonne sehr kräftig und häufig auch hoch im Alkohol ausfallen. Nichts für Warmduscher also.

6__ Ein holländischer Philosoph

Laufer Gut Alsenhof Pinot Noir Barrique trocken •••

Für manche ist Wein ein Handwerk, für andere ein Kunsthandwerk, für Jacob Duijn ist Weinmachen eine Lebenseinstellung. Er will Weine mit Seele entstehen lassen (produzieren wäre hier das völlig falsche Wort), die lebendig sind und von ihrer Herkunft und Entstehung erzählen. Sein Weg dahin ist der biodynamische Anbau und er sein vielleicht engagiertester Verfechter in Deutschland.

Dieser Ansatz geht zurück auf den Geisteswissenschaftler und Anthroposophen Rudolf Steiner (1861–1925). Der Unterschied zu anderen Weinbauarten ist der Einbezug von kosmischen Kräften, Sonne und Mondphasen. Der Weinberg wird als lebendiger und selbst funktionierender Organismus angesehen. Praktisch bedeutet dies bei Duijn, dass Kräuter, Pilze, Blumen und Klee zwischen den Reben wachsen und er unterstützend Hornmistpräparate, Brennnesselaufgüsse und Quarzstaub verwendet. Außerdem arbeitet er nach dem Mondkalender von Maria Thun. An Fruchttagen wird der Rebschnitt durchgeführt, an Wurzeltagen der Boden bearbeitet oder an Neumond die Qualität unterstützend gefestigt.

Was manche als esoterische Spinnerei abtun, ist für Jacob Duijn der einzige Weg, Weine mit Charakter, Tiefgründigkeit und Vielschichtigkeit zu vinifizieren. Tropfen wie der auf Granitverwitterungsboden windgeschützt in einem Nebental gewachsene »Laufer Gut Alsenhof« zeigen, dass es ihm glückt – und dass man diesen Weinen Zeit lassen muss, wer sie hetzt, hat verloren.

Der sehr burgundische, 14 Monate im Barrique-Fass gereifte »Laufer Gut Alsenhof« macht es dem Genießer leicht, betört er doch mit dunklen Beerenaromen und feiner Vanille. Er hat Kraft und ist ungekünstelt. Wie sein Macher – der aus Holland stammt. 1994 kaufte er seinen ersten Weinberg in einer extrem steilen Lage, nachdem er zuvor unter anderem als Sommelier bei Jahrhundertkoch Eckart Witzigmann gearbeitet hatte und Verkaufsleiter der Bremer Wein-Importfirma Segnitz gewesen war. Und heute lebt er für Pinot Noir und feiert mit ihm die unendliche Leichtigkeit des Seins. Schön, wenn Geschichten ein Happy End haben.

Weingut Duijn | Hohbaumweg 16 | 77815 Bühl | Tel. 07223/21497 |
www.weingut-duijn.com | info@weingut-duijn.com

7 Der Teppichwein

Weißwein-Cuvée »Malterer« trocken •••••

Es ist ein echter Frevel, beim Malterdinger Weingut Huber einen Weißwein zu empfehlen, zählt der Betrieb doch unbestritten zu den deutschen Top drei im Rotweinbereich, und selbst der günstigste Rotwein des Hauses schlägt die meisten Kreszenzen der Konkurrenz. Der ebenso zurückhaltende wie bodenständige (und viel zu früh verstorbene) Bernhard Huber war ein Meister des Spätburgunders, trotzdem fehlten ihm jegliche Starallüren. Sein Sohn Julian ist aus demselben Holz geschnitzt. Das ist bekannt. Etwas weniger bekannt sind seine phantastischen Sekte und sein grandioser Chardonnay. Sein Müller-Thurgau ist vielleicht der beste Deutschlands, sein Muskateller ein unfassbarer Spaßwein – aber der »Malterer« bleibt ein für viele ungehobener Schatz. Also: Schaufeln auspacken und ran!

Hinter dem Namen versteckt sich ein Cuvée aus Weißem Burgunder, Chardonnay und Freisamer, von stolzen 40 Jahre alten Rebstöcken, gewachsen auf Weinbergen mit Muschelkalkverwitterungsböden.

Die Sorte Freisamer wurde 1916 in Freiburg aus Silvaner und Grauburgunder gekreuzt. Ihren Namen erhielt sie von der Stadt Freiburg und dem Fluss Dreisam. Heute gibt es gerade einmal vier Hektar Freisamer deutschlandweit – das sind 0,004 Prozent der deutschen Rebfläche. Oder anders ausgedrückt: so gut wie nichts. Und wo wir gerade bei Namen sind: Malterer stammt von einer Familie, die im frühen Mittelalter Vögte in Malterdingen waren. Im Jahr 1320 stifteten sie dem Adelhauser Kloster in Freiburg einen Wandteppich. Dieser wird »Malterer« oder auch »Weiberlistenteppich« genannt. Heute wird er in der Schatzkammer des Augustinermuseums in Freiburg aufbewahrt – und schlängelt sich als außergewöhnliches Etikett um die Flasche.

Und wie schmeckt er jetzt, der Teppichwein? Die Aromen sind fast orientalisch, exotische Früchte und Gewürze wie Kardamom und Kreuzkümmel entströmen dem Glas – Augen zu und Kurzreise antreten. Als Burgunder hat er natürlich viel Körper, und die Lagerung im Barrique ist deutlich schmeckbar, fast karamellig. Erinnert an einen weißen Amarone (den leider fast genauso wenig Menschen je getrunken haben).

Weingut Huber | Heimbacher Weg 19 | 79364 Malterdingen | Tel. 07644 / 1200 |
www.weingut-huber.com | info@weingut-huber.com

8 Museum of Modern Art
Weißburgunder & Chardonnay trocken •••

Die Johners sind das genaue Gegenteil von Traditionalisten, sie sind Modernisten. Vater Karl Heinz Johner revolutionierte einst den englischen Weinbau und gründete später neben seinem Weingut in Bischoffingen eines in Neuseeland, Sohn Patrick ist einer der aktivsten Winzer im Internet. Über Techniken, die andere verschämt in der hintersten Kellerecke verbergen, reden sie ganz frank und frei, wie zum Beispiel die Mostkonzentration. Sie sind furchtlose Abenteurer, neugierig auf andere Länder, andere Möglichkeiten, ihre Weine besser zu machen.

Es überrascht nicht, dass das Weingut Johner in den 1980er Jahren als erster deutscher Betrieb alle seine Weine in Barrique-Fässern ausbaute (heute ist es bei einigen auch der Stahltank), kein Wunder, dass die Weine hier keine Prädikate tragen (wie Kabinett oder Spätlese), kein Wunder, dass ihr Weingutsneubau völlig anders ausschaut als die Gebäude der Nachbarn. Bei den Johners darf einen nichts wundern.

Ihre Weine sind intensiv, fruchtbetont und unheimlich kraftvoll. Meine Favoriten sind alljährlich der grandiose Müller-Thurgau, der Chardonnay SJ, der Sauvignon Blanc, selbstverständlich die grandiosen Spätburgunder – und der Weiße Burgunder & Chardonnay. In ihm wird die Wärme der Sonne Badens spürbar – was für ein beschwingter Essensbegleiter, was für ein Spaßwein, wie unfassbar lecker – obwohl man diesen Begriff in ernsthaften Weinrunden natürlich nicht fallen lassen darf ... Er hat opulente exotische Früchte – Khaki, Kakteenfrüchte, Mango, Kiwi, Ananas, es ist wie eine Reise in die Tropen. Sogar Aloe vera ist zu riechen. Vielleicht kann man sich mit diesem Wein auch einreiben, schaden wird es sicher nicht. Ein Wein, der vielen gefällt, kein Wunder, dass die Leiterin eines deutschen Sternerestaurants ihn als ihren Lieblingswein bezeichnete. Mit diesem Wein kann man nichts falsch machen. Einigen Weinfreaks mag er zu sehr Mainstream sein, aber das muss man in dieser Perfektion erst einmal hinbekommen! Übrigens kann er sehr gut lagern und entwickelt dann zusätzlich Aromen von Nüssen und Toastbrot. Köstlich.

Weingut Karl H. Johner GbR | Gartenstraße 20 | 79235 Vogtsburg–Bischoffingen | Tel. 07662/6041 | www.johner.de | info@johner.de

Weißer Burgunder

& Chardonnay

Baden

Baden

Karl H. Johner

Erzeugerabfüllung: Karl H. Johner
D-79235 Vogtsburg-Bischoffingen

Qualitätswein · A.P.Nr. 38906 10 · Enthält Sulfite

% vol.   75

9 Eine schizophrene Rebe

Durbacher Plauelrain Clevner Auslese fruchtsüß ••

Wäre Clevner ein Mensch, müsste er in Behandlung. Als Rebe aber lässt es sich mit der Schizophrenie ganz wunderbar leben. Der Clevner ist nämlich nicht nur eine, sondern gleich drei Reben. In Württemberg ist eine Spielart des Spätburgunders darunter bekannt, im Elsass wird der Name für Chardonnay und Weißburgunder genutzt und in der badischen Ortenau schließlich für eine Art Traminer. Eigentlich handelt es sich hier um einen Vorfahren des Traminers, den Savagnin rosé (Roter Traminer) – um die Verwirrung komplett zu machen. Heute ist Durbach der Weinort mit der größten Anbaufläche auf der Welt für diese Rebsorte, ein wenig findet sich auch noch im Elsass. Der Savagnin rosé/Clevner weist nicht das typische Rosenaroma des Gewürztraminers auf. Warum, fragt man sich, nennen die Durbacher den Roten Traminer dann Clevner? Wegen eines Missverständnisses. Lange Zeit dachte man vor Ort, die ersten Rebstöcke der Sorte seien 1780 von Großherzog Carl Friedrich von Baden aus Cleven (Lombardei/Italien) in den Ort gebracht worden – dabei kamen sie aus der Pfalz, aus dem Traminer-Dorf Rhodt unter Rietburg.

Dass seine Historie so viele Haken schlägt, merkt man dem Clevner im Glas allerdings nicht an. Er duftet wunderbar klar und intensiv nach Honig und Litschi, im Mund hat er dann die feine Bitternote einer Grapefruit. Bei anderen Winzern sind Auslesen schon mächtige, enorm süße Weine. Die Laibles interpretieren diese Prädikatsstufe klassisch, das heißt, dieser Wein wirkt im Gegensatz zu Weinen der Kollegen geradezu leicht und filigran. Ein Tropfen für alle, die der starke Rosenduft des Gewürztraminers stört, die aber die Struktur dieser Rebsorte schätzen. Der beste Clevner stammt für mich alljährlich von den Laibles – Andreas senior und Andreas junior. Mehr als 650 Goldmedaillen haben sie bei Weinprämierungen gewonnen – wohl kein deutsches Weingut hat mehr. Ihr Stil sind Weine, bei denen die köstlichen Fruchtnoten perfekt herausgearbeitet sind und die immer filigran und geradezu transparent erscheinen. Und trotz ihrer Leichtigkeit reifen sie genial. Auch das ist ein wenig schizophren, aber wie beim Clevner auf eine gute Art.

Weingut Andreas Laible | Am Bühl 6 | 77770 Durbach | Tel. 0781/41238 | www.andreas-laible.com | post@andreas-laible.com

BADEN   ORTENAU

LAIBLE

DURBACHER PLAUELRAIN

Traminer

AUSLESE

Enthält Sulfite · Deutscher Prädikatswein · Auslese

Gutsabfüllung · Weingut Andreas Laible · D-77770 Durbach

alc.10 % vol

A. P. Nr. 514/30/14

750 ml

10 Aschenbrödel und der Prinz

Birnauer Müller-Thurgau trocken ••

Der Müller-Thurgau ist so etwas wie ein Aschenbrödel. Eigentlich findet es jeder hübsch, aber zugeben darf man das nicht. Weil: ist ja nur eine Magd. Im Falle des Müller-Thurgaus: ein Massenträger mit doofem Namen, der Müller-Meier-Schultz unter den deutschen Rebsorten. Das ist äußerst ungerecht, und eine Runde Mitleid für den Müller-Thurgau ist angebracht, denn diese Traube ergibt Weine mit feiner Frucht, frischer Säure und pikanter Würznote – wenn sie gut gemacht sind und man die stark tragenden Rebstöcke von Quantität auf Qualität trimmt. Leider geben sich die wenigsten Mühe mit der Rebsorte. Huber ist zu nennen, Johner und Stahl ebenfalls, doch es gibt ein Gut, das eine ganz besondere Liebesbeziehung zum Müller-Thurgau pflegt: Max Markgraf zu Baden – Schloss Salem, das heute von Bernhard Prinz von Baden geführt wird.

Als erstes Weingut in Baden setzten die Markgrafen auf Schloss Kirchberg 1925 auf die damals neue Rebzüchtung Müller-Thurgau, die heute als Inbegriff des Bodensee-Weißweins gilt. Rund vierzig Jahre zuvor wurde sie vom Rebforscher Hermann Müller aus dem Kanton Thurgau (Schweiz) gezüchtet – allerdings an der Forschungsanstalt Geisenheim im Rheingau. Heute gilt sie als erfolgreichste Neuzüchtung aller Zeiten und darf auch den Namen Rivaner tragen. Man dachte nämlich, sie sei eine Kreuzung aus Riesling und Silvaner. Riesling war zwar tatsächlich die Mama, aber Madeleine Royale der Papa. Und sie können stolz auf ihren Sprössling sein.

Der »Birnauer« ist das Müller-Thurgau-Flaggschiff des Weinguts und balanciert trocken ausgebaut. Er zeigt die feine Fruchtigkeit der Bodenseeweine, hat eine leichte Würze, wirkt schlank und ausgewogen, mit zartem Schmelz und weicher Textur. Man muss unweigerlich an den Bodensee denken – Frühling und Sommer, der See liegt ruhig, der Tag ist nicht zu heiß und nicht zu kühl, sondern genau richtig, ein leichtes Lüftlein weht. Dazu möchte man nichts anderes als diesen Wein trinken – und zwar gut gekühlt.

Weingut Markgraf von Baden – Schloss Salem | Schlossbezirk Oberes Tor 16 | 88682 Salem | Tel. 07553/81284 | www.markgraf-von-baden.de | weingut@weingut-salem.de

11__ Meisterstück

Spätburgunder Rotwein trocken »vom Löss« •••

Master of… what? Wine? Ja, genau. MW steht für Milliwatt, auf Autokennzeichen für den Landkreis Mittelsachsen, doch in der Weinwelt steht die Abkürzung nur für eines: »Master Of Wine«. Die höchste Ausbildungsstufe, die man in dieser erreichen kann. Wobei, es ist keine als Winzer, als Kellermeister oder Sommelier, es ist eine, die sich ursprünglich (im Jahr 1953) vom britischen Weinhandel ausgedacht wurde.

Die Ausbildung ist lange, teuer und verdammt schwer. Am Ende steht unter anderem eine schon legendäre Blindprobe, bei der Weine bestimmt werden müssen. Deswegen gibt es auch so wenig MWs, weltweit zur Zeit rund 350 in 24 verschiedenen Ländern, in Deutschland unter 10. Sie geben Seminare und Schulungen, beraten Supermärkte und Firmen – und ganz wenige von ihnen machen auch selbst Wein.

Jürgen von der Mark ist nicht nur einer davon, er war der erste in Deutschland. Kein Winzersohn (sein Vater ist Polizist), abgebrochenes Jurastudium, aber dann eines mit Önologie in Geisenheim und der MW. Von der Mark gehört in die Abteilung »Positiv Verrückter«. Abteilung »Unglaublich viel Power«. Seine Spitzenweine nennt er nach Liedtiteln, zum Beispiel »Have a nice day«. Den hat man mit all seinen Weinen, vor allem aber mit den Roten.

Der »Vom Löss« läuft bei ihm als Terroir-Wein – seine mittlere Kategorie und die mit dem besten Preis/Genuss-Verhältnis. Er wirkt französisch statt deutsch und hat eine herrlich feinkörnige Gerbstoffstruktur. Eckpunkte der Qualität sind: Handlese vollreifer Trauben, reduzierter Ertrag (30 bis 40 Hektoliter), 12 bis 15 Monate auf der Hefe in neuen und gebrauchten Barriques, unfiltrierte Abfüllung und ein Alkohol, der immer um die 13 Prozent liegt, also nie übermäßig ist. Aus Überzeugung abgefüllt mit Schraubverschluss, dadurch lange frisch. Jürgen von der Mark sagt, dies sei sein Rumpsteak-Wein. Ich finde: Jedes Rumpsteak kann sich darüber freuen!

Weingut Jürgen von der Mark | Altrheinstraße 4 | 79415 Bad Bellingen-Rheinweiler | Tel. 07635/8266482 | www.weingutvondermark.de | kontakt@weingutvondermark.de

12 Der Pinot-Grigio-Killer

Grauburgunder Literwein trocken •

Ich kann sie nicht mehr sehen, diese Pinno-Gridschiooo-Plörre. Böse Zungen behaupten, es gäbe bedeutend mehr italienischen Pinot Grigio, als auf dem Stiefel überhaupt produziert würde. Da will man gar nicht wissen, was in den Flaschen wirklich drin ist …

Jede Pizzeria scheint den Keller voll mit diesem Sondermüll zu haben und serviert ihn so kalt, dass das Weinglas beschlägt und man nicht merkt, welche Sammlung an groben Weinfehlern da vor einem im Glas schwappt. Da trink ich lieber Bier − und das will schon was heißen. Dabei mag ich die Traube sehr, die hinter dem Pinot Grigio steckt, den Grauburgunder nämlich. Und deutsche Winzer zeigen, was mit dieser möglich ist. Wie Salwey mit seinem Pinot-Grigio-Killer. Das ist ein Literwein von einer Qualität, bei der Luigi vom Pizzataxi die Tränen kommen. Er ist nämlich günstig und gut. Mit toller Grauburgunder-Würze, viel Aroma, zupackend mit langem Abgang, passt super zu herzhaftem Essen wie Kurzgebratenem mit Krautsalat. Ein echter Volltreffer.

Das Weingut Salwey ist eine Institution am Kaiserstuhl und mit über 40 Hektar Rebfläche ein Riese unter Deutschlands Familiengütern. Seit dem Tod seines Vaters, der Winzerlegende Wolf Dietrich Salwey, führt Konrad Salwey das Gut allein. Ausgesprochen sehenswert ist der neu gebaute, gigantische Bergkeller, in dem die Weine bei Idealtemperatur heranreifen.

Berühmt sind auch die trockenen Spätburgunder-Weißherbste des Hauses, die aus dem Glottertal stammen (bekannt geworden als Arbeitsplatz des guten Professors Brinkmann aus der »Schwarzwaldklinik«). Außerdem sind die Salweys seit Jahren eine Bank für Spirituosen wie das Kaiserstühler Kirschwasser, welches sieben Jahre im Eschenfass reift, oder einen Brand von der seltenen Wildpflaume namens Zibarte, die am Kaiserstuhl eine Heimat gefunden hat. Und mit dem Spätburgunder-Marc gibt es auch noch einen Grappa-Killer. Ein blutrünstiges Weingut also.

Weingut Salwey | Hauptstraße 2 | 79235 Oberrotweil am Kaiserstuhl | Tel. 07662/384 | www.salwey.de | weingut@salwey.de

SALWEY

Grauburgunder

KONRAD ★ SALWEY

Alc. 12,5 % Vol. 1000 ml
Deutscher Qualitätswein · Baden · APNR 888/112/15 · Enthält Sulfite
Grauburgunder trocken · Abfüller K. Salwey · D-79235 Oberrotweil i.K.

13__Lieber schlipfrig als schlüpfrig!

Spätburgunder Weiler Schlipf CS ••

Eine der größten Herausforderungen für einen Liebhaber deutscher Weine ist es, einen richtig guten, günstigen Rotwein zu finden. Die meisten im unteren Preissegment sind ruppige Schlägertypen oder flüssiger Babybrei. Claus Schneiders kleinster Spätburgunder ist schon ein großer. Und das liegt nicht am Gewölbekeller aus dem Jahr 1780, viele schlechte Weine kommen aus guten Kellern. Nein, es liegt an der Steillage, die sich direkt hinter dem Weingut erstreckt: dem Weiler Schlipf. 1825 als beste Lage des südlichen Markgräflerlands klassifiziert, bietet sie nicht nur eine Südausrichtung, sondern vor allem den Traumboden der Rebe, nämlich Kalk. Da ist der Pinot Noir wie die Alba-Trüffel. Genauer gesagt ist es tiefgründiger Lehm mit hohem Kalkanteil, das Weiß schimmert an vielen Stellen durch. Die Reben müssen hier auch in trockenen Jahren nicht darben. Die Lage ist sehr rutschig, schlupfrig, schlipfrig.

Claus Schneiders Weine vom Schlipf sind finessenreich, niemals laut, stattdessen frisch, elegant, zart gewoben. Kein schwerer roter Samt, sondern ein von Sonnenstrahlen erhellter, durchscheinend roter Vorhang im Frühlingswind. Zugegeben: Manchem kommt es erst nach ein paar Flaschen so vor.

Schneider bewirtschaftet zehn Hektar, nicht nur in Weil am Rhein (alemannisch »Wiil am Rhii«, direkt im Dreiländereck mit Frankreich und der Schweiz), sondern auch in Haltingen und Ötlingen. Neben Pinor Noir baut er auch viele weiße Burgundersorten und natürlich den für die Region typischen Gutedel an. Die Vorfahren der Familie betreiben bereits seit 1425 Weinbau.

Claus Schneider ist ein studierter Weinsberger und übernahm 1982 den elterlichen Betrieb. Seine Frau Susanne entstammt einer alteingesessenen Haltinger Winzer- und Küferfamilie, 1979 war sie Badische Weinkönigin. Diese sollen ja die Region aufs Beste repräsentieren. Die Weine des Hauses vollbringen genau das mit jedem Schluck!

Weingut Claus Schneider | Lörracher Straße 4 | 79576 Weil am Rhein | Tel. 07621/72817 | www.schneiderweingut.de | info@schneiderweingut.de

Schneider

WEILER SCHLIPF
SPÄTBURGUNDER

14 Ein flüssiges Denkmal

Ruländer Spätlese *** R trocken ••

Ruländer schreibt kaum noch ein Winzer aufs Etikett. Ruländer, so hieß früher der Grauburgunder, als die Weine aus dieser Traube noch süß, breit und von der Edelfäule Botrytis geprägt waren. Heute muss dagegen alles schlank und frisch sein. Ruländer ist megaout.

Doch die Familie Schneider schreibt den Namen immer noch auf ihre Etiketten. Und keltert Ruländer, die unbändige Kraft mit Balance vereinen, welche den klassischen Ruländer-Typen in die Neuzeit transportieren, ohne seinen Kern zu verlieren. Dies ist Traditionspflege vom Besten, und es ist Grauburgunder ohne Handbremse, durchaus schwer und ausladend, aber saftig, den vielen Alkohol super »einbindend«, sodass er nicht zu präsent wird. Ein kolossaler Wein – gerade in heißen Jahren (und davon bekommen wir ja immer mehr …).

Und es ist folgerichtig, dass sie diesen Wein nicht Grauburgunder nennen – in Italien als Pinot Grigio bekannt. Denn weiter weg von Pinot Grigio geht nicht. Zudem ist der Name Ruländer ein Denkmal für einen Mann, dem wir all die leckeren Grauburgunder verdanken: dem Speyerer Kaufmann Johann Seger Ruland. Dieser soll nämlich der Legende nach die Rebsorte 1711 nach Deutschland gebracht oder sie hier zumindest populär gemacht haben.

So viel Traditionspflege bei einem Weingut, das erst 1981 gegründet wurde. Die Familie setzt vor allem auf die Reben der Burgunderfamilie (also auch Weißer Burgunder, Spätburgunder, Auxerrois, Chardonnay) und baut die Reben naturnah an – das bedeutet Verzicht auf Herbizide und Kunstdünger. Der Zusatz »*** R« ist eine betriebseigene Klassifizierung. »R« steht für Weine von Vulkanverwitterungsböden, und die drei Sterne erhalten die besten Weine eines Jahrgangs. Die Zahl Drei passt auch gut zum Weingut, das mittlerweile eigentlich Reinhold & Cornelia & Alexander Schneider heißen müsste, denn der Sohn ist kräftig im Betrieb tätig. Und für alle, denen der Ruländer noch nicht genug Power hat, gibt es hier auch ausgezeichnete Brände.

Weingut Reinhold & Cornelia Schneider | Königschaffhauser Straße 2 | 79346 Endingen am Kaiserstuhl | Tel. 07642/5278 | www.weingutschneider.com | info@weingutschneider.com

WEINGUT
Reinhold & Cornelia
SCHNEIDER

BADEN

Ruländer
PRÄDIKATSWEIN · TROCKEN
A.P. NR. 354 13 10
SPÄTLESE
★★★

GUTSABFÜLLUNG
REINHOLD UND CORNELIA SCHNEIDER
D-79346 ENDINGEN AM KAISERSTUHL

Alc. 14% vol.

750 ml

15 Der unbekannte Burgunder

Heidelberger Herrenberg Auxerrois »AS« trocken ••

Der Chardonnay ist weltberühmt, auch Pinot Grigio kennt jeder als Pizzabegleitung beim Italiener, der Weißburgunder ist trendy, und der Bruder mit der roten Haut, der Spätburgunder (oder Pinot Noir), gilt weltweit als edelste Rotweinrebe.

Und was ist mit dem Auxerrois, der seinen Namen von der französischen Grafschaft Auxerre hat, die als seine Heimat gilt?

Der wird meist vergessen.

In Luxemburg und im Elsass trifft man ihn noch an, vereinzelt auch in Deutschland – und den vielleicht besten keltert Thomas Seeger aus Leimen (jawohl, der Geburtsort von Bobbele Becker). Der Mann selbst – gern mit Hut auf dem Kopf – fährt gern Harley Davidson, ist kantig, hat einen festen Händedruck, scheut sich nicht, kraftstrotzende Weine abzufüllen, und Angst vor dem Ausbau im Barrique-Fass kennt er nicht.

Auxerrois gilt vielen als langweiliger Weißburgunder, weil er aromatisch an diesen erinnert (manchmal aber auch an Chardonnay), jedoch weniger Säure aufweist. Bei Thomas Seeger gibt es keine langweiligen Weine. Sein Auxerrois hat eine wunderbare Frucht, duftet wie eine gerade aufgeschnittene Schote Bourbon-Vanille und ist herrlich süffig, weil er nicht zu trocken, sondern dank der Reife mit feiner Süße ausgestattet ist (aber natürlich trotzdem als trocken gilt). Und die Säure? Die ist angenehm und wunderbar eingebunden.

Seit über 300 Jahren gibt es das Weingut Seeger schon an der Badischen Bergstraße, einem gerade einmal 400 Hektar großen Weinbaugebiet, das zu Baden gehört – im Gegensatz zu seinem Pendant, der Hessischen Bergstraße, die als eigenes Anbaugebiet gilt. Die sanften Hügel des Odenwaldes schützen die Weinberge vor rauen Nord- und Ostwinden, Seegers Burgunder wachsen dort auf Muschelkalk mit Lösslehm-Auflage, der Auxerrois im »Alten Gewann Mönchberg«. Früher war Seeger vor allem für seine mächtigen Rotweine bekannt, mit diesem Auxerrois zeigt er seine Meisterschaft bei den Weißen.

Weingut Seeger | Rohrbacher Straße 101 | 69181 Leimen | Tel. 06224/72178 | www.seegerweingut.de | info@seegerweingut.de

16_ Wein aus dem Bunker

Spätburgunder trocken •

Ein weitverbreitetes Vorurteil ist: »Bei Rotwein können die deutschen Winzer nicht mit den Franzosen mithalten. Was man da für sein Geld bekommt, das geht bei uns ja gar nicht.« Einspruch! Und direkt zur Beweisführung: der trockene Spätburgunder der Shelter Winery für unter 10 Euro. Er ist markant, vom Ausbau im Barrique-Fass geprägt, im Mund knackfrisch, spritzig und animierend, sehr modern-burgundisch im Stil.

Dass es diesen Wein heute gibt, ist allerdings ein kleines Wunder. Hans-Bert Espe kommt aus Osterode, Silke Wolf aus Paderborn – man kann wohl sagen, es war ihnen nicht in die Wiege gelegt, Jahrzehnte später gemeinsam ein Weingut im Breisgau zu führen. Doch genau so kam es. Allerdings über Umwege. Beide studierten an der deutschen »Wein-Uni« in Geisenheim, Espe war danach im Weinhandel tätig, später verschlug es ihn nach Oregon, der Heimat des Pinot Noir in Amerika. Schließlich arbeitete er als Verwalter im Gräflich Wolff Metternich'schen Weingut in Durbach. Ein 34 Hektar großer Betrieb. Die Shelter Winery hat gerade einmal 3,5 Hektar, die Flaschen sind durchnummeriert.

2003 führten Espe und Wolf ihre erste eigene Weinlese durch – und erst kurz vorher fanden sie eine Unterkunft (englisch: shelter) für ihren Wein: einen Bunker. Das ist weit idyllischer, als es klingt. Er liegt nämlich auf dem verlassenen kanadischen Flughafen in Lahr, ist grasbewachsen, und Schafherden weiden darauf. Hinter dicken Betonwänden und einer schweren Stahltür kann der Wein perfekt reifen. Schwerter zu Pflugscharen? Bunker zu Weinkellern!

Schon der Erstlingsrotwein der Shelter Winery erhielt 90 Punkte im »Gault Millau WeinGuide« und gelangte beim »Deutschen Rotweinpreis« ins Finale – zoom, war das Weingut auf dem Radar vieler Weingenießer. Die Produktpalette ist überschaubar, es gibt nur zwei Rebsorten: Spätburgunder und Chardonnay. Man konzentriert sich lieber, statt auf jeder Hochzeit mitzutanzen.

Shelter Winery | Mühlestraße 17 | 79341 Kenzingen | Tel. 07644/927663 | www.shelterwinery.de | espe@shelterwinery.de

SPÄTBURGUNDER

shelter winery

hans-bert espe

und silke wolf

17__ Some like it hot

Ihringer Winklerberg Chenin Blanc & Sauvignon Blanc trocken ••

Der Ihringer Winklerberg am Kaiserstuhl gilt als heißester Weinberg Deutschlands – dank über 1.800 Sonnenstunden (Köln hat gerade einmal 1.500).

Hier schwitzt der Winzer schon beim Atmen, und die Reben kochen. Die Weine von dieser einzigartigen Lage sind immer in Gefahr, zu breit, zu alkoholisch und zu säurearm zu werden. Da macht es Sinn, eine Rebe anzupflanzen, die für ihre rassige Säure bekannt ist. Nein, nicht der Riesling, sondern der Chenin Blanc – den manche auch den Riesling der Franzosen nennen. Weil er genauso vielseitig ist wie die Königin der Weißweinreben. Er kann als trockener Wein, als süßer und auch als Sekt glänzen. Allerdings muss er im Ertrag beschränkt werden, um seine Klasse zu zeigen.

Das Weingut Stigler ist Pionier des Chenin-Blanc-Anbaus in Deutschland. Sie wagten es, die Französin auf die steinigen Vulkanböden an der Südspitze des Kaiserstuhls zu setzen, und ihr Mut wurde belohnt. Wer Chenin Blanc bisher nur von der Loire oder Südafrika kennt, wo die Rebsorte unangefochten herrscht, wird überrascht sein. Denn dies ist ein deutscher Chenin, der mit Sauvignon Blanc perfekt kombiniert wird. Seit 2001 bauen Stiglers Chenin im Versuch an, offiziell zugelassen ist die Rebsorte noch gar nicht. Deshalb gibt es auch nur sehr wenige Flaschen dieser Spezialität.

Stiglers Chenin Blanc-Cuvée duftet nach Ananas, Kiwi und Cassis, im Mund ist es sehr pikant-mineralisch mit einer kecken, zitronigen Säure – wegen der man den Alkohol überhaupt nicht spürt. Zugegeben, dieser Wein ist im Vergleich zur Konkurrenz von der Loire und Südafrika recht teuer, man zahlt für die Seltenheit. Und dafür, ein Chenin Blanc-Cuvée von Vulkanböden trinken zu können.

Wer es noch puristischer mag, der wählt den nur manchmal erzeugten »Ihringer Winklerberg Chenin blanc trocken«, der ohne Cuvée-Partner deutlich schlanker und stahliger daherkommt.

Weingut Stigler | Bachenstraße 29 | 79241 Ihringen/Kaiserstuhl | Tel. 07668/297 | www.weingut-stigler.de | info@weingut-stigler.de

ADEN

STIGLER

STIGLER

Stigler's

CHENIN BLANC

&

SAUVIGNON BLANC

18 Schweizer Nationalheiligtum

Steingrüble Gutedel trocken •

Eine Traube, die Gutedel heißt, muss schmecken. Das meinen zumindest die Menschen im Markgräflerland und in der Schweiz, wo der Gutedel die meistangebaute Rebsorte und Nationalheiligtum ist (bei den Eidgenossen als Chasselas oder Fendant bekannt). Außerhalb dieser Kerngebiete hat es die Rebe im deutschsprachigen Raum bis auf einige Weinberge in Sachsen und Saale-Unstrut jedoch kaum zu Berühmtheit gebracht. Was daran liegt, dass in Deutschland daraus vor allem Schoppenwein gekeltert wird, der sich ohne viel Nachdenken die Kehle herunterstürzen lässt – was ja auch ganz wunderbar ist. Konsumiert wird er vor allem vor Ort, und er passt prima zu Spargel – den die Ziereisens aus Efringen-Kirchen übrigens auch anbauen.

Dass mehr in der uralten Rebsorte steckt (ihr Ursprung liegt wohl in Ägypten, wo sie schon vor 5.000 Jahren angebaut wurde), zeigt Hanspeter Ziereisen. Wenn ich mir seine Weinliste anschaue, komme ich mir immer vor wie in einem badischen Ikea, haben die Produkte doch ähnlich knuffige Namen: Heugumber, Schmätterling, Musbrugger oder Tschuppen. Die muss man einfach lieb haben. Kann man aber auch, denn die Weine sind spitze.

Ein sehr gutes Preis-Genuss-Verhältnis bietet der »Steingrüble« – das ist der alte Gewann-Name. Die Lage heißt Efringer Oelberg, doch die steht nicht auf dem Etikett, denn das ist Hanspeter Ziereisen zu ungenau. Die Rebstöcke sind über 25 Jahre alt, die Trauben werden per Hand gelesen und im großen, mehrere Jahrhunderte alten Holzfass im uralten Weinkeller mit eigenen, wilden Hefen vergoren. Ein elfmonatiges Hefelager folgt, wobei die Hefe regelmäßig aufgerührt wird, was als Batonnage bekannt ist. All das ist für einen Gutedel ungewöhnlich, und das schmeckt man. Dieser Wein ist nicht fruchtig, sondern fast sehnig, das Holz ist prägnant, man schmeckt Walnuss am Gaumen, und trotz moderaten Alkohols wirkt er voluminös. Das hat nichts mit einem Schoppenwein zu tun, das ist ein ebenso kraftvoller wie ernster Tropfen. Wer hätte das dem Gutedel zugetraut?

Weingut Ziereisen | Markgrafenstraße 17 | 79588 Efringen-Kirchen | Tel. 07628/2848 | www.ziereisen.de | kontakt@ziereisen.de

Franken

Fränkisch trocken – das war jahrelang ein Gütesiegel für durchgegorene Weine, während anderswo in Deutschland noch fröhlich die süße Welle schwappte. Heute sind die Weine in Franken süßer und in anderen deutschen Anbaugebieten trockener geworden. Und weg ist das Alleinstellungsmerkmal. Ein anderes jedoch ist geblieben: die Rebsorte Silvaner.

Nirgendwo sonst erbringt diese uralte Rebsorte so faszinierende, würzige Weine wie auf den 6.000 Hektar von Bamberg bis Aschaffenburg. Die Nummer eins der Rebsortenstatistik ist sie allerdings nicht, diese Ehre wird dem Müller-Thurgau zuteil. Die bekanntesten Güter sitzen in Würzburg: Es sind die Weinriesen Juliusspital, Bürgerspital zum Heiligen Geist und Staatlicher Hofkeller.

Die traditionelle Flaschenform in Franken ist der Bocksbeutel. Es gibt einige Legenden, wie er zu seinem Namen kam. Die unterhaltsamste besagt, dass es mit der Ähnlichkeit zum Hodensack eines Ziegenbockes zu tun habe. Bis auf wenige Ausnahmen darf diese Flaschenform europaweit nur für fränkische Weine verwendet werden. Mindestens seit dem 8. Jahrhundert gibt es Weinbau in Franken. Vor allem Klöster machten sich um den Siegeszug des Weinbaus verdient – sie brauchten nämlich Messwein.

19___Schäumendes Paradoxon

Sulzfelder Maustal Silvaner Sekt trocken ••

Dieser Wein dürfte nicht funktionieren. Er widerspricht den Regeln. Denn wie jeder weiß, eignet sich Silvaner nicht für große Sekte. Weil: zu wenig Säure. Ein Silvaner-Sekt sollte also breit und ohne Frische sein. Tja, denkste.

Das Weingut Brennfleck aus Sulzfeld beweist eindrucksvoll das Gegenteil. In einer Blindprobe würden viele ihren Silvaner-Sekt aus dem Sulzfelder Maustal wohl für einen Chardonnay halten, im Mund ist er wundervoll weich, wie Espuma am Gaumen, luftig und transparent. Das ist der überzeugende Gegenentwurf zum rassigen Riesling-Sekt, für alle Genießer, die eine präsente Säure stört und die etwas Bekömmlicheres suchen.

Im Nachhall ist der Sekt angenehm buttrig, und man denkt unwillkürlich an ein himmelleichtes Topfensoufflé. Dabei sollte es einen eigentlich an Bratwurst erinnern. Denn Sulzfeld ist Geburtsort der Meterbratwurst, der Verzehrrekord liegt bei über sechs Metern. Erfreulicherweise ließ sich Hugo Brennfleck davon nicht inspirieren. Wobei ich jedem nach Verzehr einer Meterbratwurst nur zu einem Glas Silvaner-Sekt raten kann, das ist Balsam für den geschundenen Magen-Darm-Trakt.

Von einer anderen Sulzfelder Besonderheit ließ sich Brennfleck jedoch inspirieren: der Architektur. Obwohl der Ort im Dreißigjährigen Krieg zweimal von den Schweden geplündert wurde und französische Revolutionstruppen ihn später brandschatzten, ist die mittelalterliche Befestigungsanlage samt 21 Türmen wie auch der spätmittelalterliche Ortskern fast vollständig erhalten.

Als die Brennflecks ein neues Kelterhaus planten, bauten sie deshalb nicht ihr altehrwürdiges Gutshaus aus dem 15. Jahrhundert mit seinen alten Gewölbekellern um, sondern errichteten ein hochmodernes, schlichtes Gebäude aus Muschelkalk, Glas und Beton, das einen spannenden Kontrast zur Tradition bildet. Es ist ein Gegenstück, so wie ihr Silvaner-Sekt das Gegenstück zu einem Riesling-Sekt ist. Und es ist gut, dass es beide Seiten gibt.

Weingut Brennfleck | Papiusgasse 7 | 97320 Sulzfeld am Main |
Tel. 09321/4347 | www.weingut-brennfleck.de | info@weingut-brennfleck.de

BRENNFLECK

Traditionelle Flaschengärung

SILVANER

0,75l 12%vol Enthält Sul...
...ken ...7080 Sulzfeld A.P.Nr. 4002-0...

20__Ein Heldenepos in Flaschenform

Rotwein »Parzival« trocken •••

Parzival suchte den Heiligen Gral, ein Steingefäß, das auch den Namen lapis exillis trägt und allein durch seinen Anblick eine Woche vor Tod und Alter schützt. Ob der Wein von Paul und Sebastian Fürst ähnliche Effekte hat, ist bisher nicht durch klinische Tests bewiesen – ich würde aber mal sagen: ja. Den Namen des auch durch Wagner berühmten Helden haben die Fürsts gewählt, weil Wolfram von Eschenbach das hochmittelalterliche Epos auf der nahen Wildenburg verfasste.

Fürsts »Parzival« war eines der ersten deutschen Rotwein-Cuvées, die für Aufsehen sorgten. Es ist eine Vermählung von Spätburgunder, Domina, Merlot und Cabernet Dorsa (eine neue Kreuzung) – wobei die genaue Zusammenstellung immer mal wieder variiert. 15 Monate wird der Wein in Barriques gelagert. Die Fürsts selbst beschreiben ihn so: »Er duftet fein nach Kirschen und Vanille, aber auch gleichzeitig zartrauchig nach Pflaumen und Zimt, er zeigt samtige Frucht und hat ein feinwürziges Spiel.« Stimmt alles. Das Weingut schafft es, die verschiedenen Rebsorten perfekt auszubalancieren und so etwas ganz Eigenes zu schaffen.

Das Weingut Paul Fürst gilt heute als das beste Frankens – dabei liegt es nicht in der Hauptstadt des Gebiets, in Würzburg, sondern ganz im Westen, im Maintal zwischen Spessart und Odenwald, wo Klima und Boden eine fränkische Besonderheit darstellen. In der Gegend um Miltenberg wird bereits seit Jahrhunderten Rotwein angebaut, und der Buntsandsteinverwitterungsboden gibt ihm eine ganz eigene Note. Berühmt ist der Betrieb auch für seine Früh- und Spätburgunder, ihr »Hunsrück« ist alljährlich einer der besten und teuersten Rotweine Deutschlands. Und der Müller-Thurgau ist so gut, dass fast die gesamte Ernte nach Hawaii geht – wahrscheinlich als Kraftnahrung für den Iron Man.

Dass die Fürsts über ihren Tellerrand schauen, zeigt nicht nur ihre Rekultivierung des Klingenberger Schlossbergs, sondern auch, dass sie ihre Energie neuerdings mittels Geothermie gewinnen.

Weingut Rudolf Fürst | Hohenlindenweg 46 | 63927 Bürgstadt am Main |
Tel. 09371/8642 | www.weingut-rudolf-fuerst.de | info@weingut-rudolf-fuerst.de

21 Dr. Schorle

Zeiler Kapellenberg Bacchus Literwein lieblich •

Für manche ist es die reine Blasphemie, wenn man Wein mit Wasser mischt – andere lieben im Sommer nichts mehr als eine solche Schorle. In Österreich ist sie als Gespritzter bekannt und muss zu mindestens 50 Prozent aus Wein bestehen. Welchen Wein aber nimmt man dafür? Antwort: Es gibt kaum einen besseren als Dr. Heigels Bacchus. Ein Wahnsinnsduft entströmt dem Glas, würzig nach Waldmeister, Stachelbeere und Kiwi, ein bisschen erinnert das an Sauvignon Blanc. Das ist Aroma ohne Handbremse. Im Mund ist er rassig und angenehm süß – aber nicht klebrig. Eiskalt ist er auch so ein echter Genuss. Doch dieser Tropfen hat so viel Power, dass er auch verdünnt mit Wasser noch richtig was zeigt und irre Spaß macht.

Trotz des römischen Namens ist der Bacchus keine alte Rebe, sondern eine Neuzüchtung. 1933 kreuzten Peter Morio und Bernhard Husfeld sie im südpfälzischen Siebeldingen aus Silvaner X Riesling und Müller-Thurgau, aber erst 1972 wurde sie zugelassen. Sie gilt als früh reifender Massenträger – also als Brot-und-Butter-Rebsorte. Außer in Deutschland steht sie noch in der Schweiz und mit sehr wenigen Rebstöcken in England.

Der meiste Bacchus findet sich in Rheinhessen, aber richtig Mühe geben sich vor allem die Franken mit ihm – wie Dr. Klaus Peter Heigel (promoviert in Agrarwissenschaften). Erst 1994 hat er das damals im Nebenerwerb geführte Weingut vom Vater übernommen und es in kurzer Zeit in die Gebietsspitze geschafft. Seine Weine zeichnen sich stets durch eine sehr klare Fruchtaromatik aus, und egal ob Rieslaner, Weißburgunder, Silvaner, Merlot oder Domina, Heigel kann aus allen Rebsorten die glasklare Aromatik herauskitzeln.

Der Name Bacchus stammt vom berühmten römischen Weingott der Antike. In Italien gab es vom 6. Jahrhundert vor bis zum 3. Jahrhundert nach Christus mystische und exzessive Kultfeiern für ihn, die als Bacchanalien bekannt sind. Ob Gleiches auch mit dem Bacchus von Dr. Heigel möglich ist, gilt es erst noch auszuprobieren …

Weingut Dr. Heigel | Haßfurter Straße 30 | 97475 Zeil am Main | Tel. 09524/3110 | www.weingut-dr-heigel.de/ | info@weingut-dr-heigel.de

22 Ein Wein für Darmkranke

Tauberschwarz Barrique »R« trocken •••

Für den seltenen Tauberschwarz nimmt man gern eine Darmgrippe in Kauf. Schließlich heißt es in den »Fränkischen Sammlungen von Anmerkungen aus der Naturlehre« aus dem Jahr 1757: »Von denen rothen Tauber-Weinen, die allein von denen Tauberschwarzen Trauben zubereitet werden, sagt man, dass sie kühlen, und die Durchfälle, auch die Ruhr stillen sollen.«

Gott sei Dank ist das nicht alles, was für den Tauberschwarz spricht, der heute auf rund 15 Hektar im Taubergrund von Rothenburg bis Wertheim angebaut wird. Kurioserweise ist die Region in drei deutsche Weinbaugebiete eingeteilt: Franken, Württemberg und Baden. Ihr grenzüberschreitender Identitätsstifter schmeckt einzigartig. »In der Nase hat er wilde Weichselkirsche und Johannisbeere, am typischsten ist aber das zartbittere Tannin«, sagt Jürgen Hofmann aus Röttingen. Er machte seine Ausbildung bei Kult-Winzer Paul Fürst (siehe Seite 58) und gilt heute als herausragend unter dem guten Dutzend Winzern, die sich der heimischen Spezialität angenommen haben. Einer Spezialität, die viel Arbeit macht, wie Jürgen Hofmann weiß. »Fast doppelt so viel wie Spätburgunder! Die vielen Geiztriebe machen die Traubenzone ganz dicht, und der Tauberschwarz rankt auch wie verrückt, klammert sich überall fest.« Wild sieht es deshalb in einem Tauberschwarz-Weinberg aus.

1959 war auch der Tauberschwarz beinahe in Vergessenheit geraten, er galt gar als ausgestorben. Bis man in einem Ebertsbronner Weinberg auf die letzten verbliebenen Rebstöcke stieß. Ganze 400 hatten durchgehalten. Eine züchterische Auslese fand statt, durchgeführt von der staatlichen Lehr- und Versuchsanstalt in Weinsberg mit ihrer Außenstelle in Lauda. Seit dem Frühjahr 1994 durfte die Rebe dann endlich wieder angebaut werden. Niemandem gelingt das so gut wie Jürgen Hofmann mit seinem Tauberschwarz Barrique »R« von der Lage Röttinger Feuerstein, der manchen an einen Zweigelt erinnern könnte. Er ist feinfühlig im Holzfass ausgebaut, und zu den typischen Aromen mischen sich manchmal Lakritz und schwarzer Pfeffer. Eine wirklich köstliche Medizin.

Weingut Hofmann | Strüther Straße 7 | 97285 Röttingen | Tel. 09338/1577 | www.weinguthofmann.com | info@weinguthofmann.com

23 __ Randvoll mit Historie

Würzburger Stein Silvaner »Großes Gewächs« trocken ●●●●

Dies ist ein teurer Wein – preiswert ist er trotzdem. Denn das, was das »Große Gewächs« vom Würzburger Stein bietet, gibt es einfach nicht günstiger. Das ist ein Vollgas-Silvaner, mehr Kraft und Würze, mehr Barock geht nicht – nicht nur deshalb passt er wunderbar zu Würzburg. Der Wein ist wie das pralle Leben, mit Schmelz und einer saftigen Bananenfrucht. Ein Maulvoll Silvaner.

Der Würzburger Stein ist eine der legendären Lagen Deutschlands, ehrfurchtsvoll spricht man vom Steinwein. Er ist die erste Lage Deutschlands, die je eine eigene Bezeichnung erhielt. Und noch ein Superlativ: mit 85 Hektar ist sie die größte Einzellage Deutschlands.

Genauso imposant ist das Weingut Juliusspital, das Teil der gleichnamigen Stiftung ist. Gegründet wurde sie 1576 von Bischof Julius Echter von Mespelbrunn, der als großer Wohltäter Frankens gilt – allerdings auch einen Jüdischen Friedhof einebnen ließ, den diese Glaubensgemeinschaft für ewige Zeiten erworben hatte.

Die Stiftung besteht aus einem Krankenhaus, einem Seniorenstift, dem Kloster Vogelsburg – und dem mit 172 Hektar zweitgrößten Weingut Deutschlands. Von den drei großen Weingütern, welche den Würzburger Stein nahezu ausschließlich (die anderen beiden sind der Staatliche Hofkeller und das Bürgerspital) unter sich aufteilen, ist das Juliusspital heute das beste. Und von den vielen Weinen, die sie aus der Lage keltern, ist das »Große Gewächs« der beste. Einen Silvaner aus dem Stein zu trinken, bedeutet, ihn aus der ursprünglichen Quelle zu schöpfen. Denn der Abt Alberich Degen pflanzte genau hier im Jahr 1665 erstmals Silvaner an, der vom Haus Castell erst 1659 nach Franken gebracht worden war. Und 1726 wurde der Steinwein des Bürgerspitals zum ersten Mal in einen Bocksbeutel gefüllt – seitdem ist er nicht mehr aus dem Weinbau wegzudenken.

Mehr Historie in einem Glas Wein geht nicht. Und wer hätte gedacht, dass Historie so gut schmecken kann? Da wundert ein berühmter Ausspruch von Goethe nicht mehr: »Kein anderer Wein will mir schmecken, und ich bin verdrießlich, wenn mir mein Lieblingsgetränk abgeht.«

Weingut Juliusspital | Klinikstraße 1 | 97070 Würzburg | Tel. 0931/393-1400 | www.weingut-juliusspital.de/ | weingut@juliusspital.de

TAL WÜRZBU

15 76

Juliusspital
WÜRZBURGER STEIN
SILVANER

24 Die Herrin Frankens

Domina Barrique »S« trocken ••

Keine Rebsorte ist mit ihrem Namen wohl so gestraft wie die Domina. Dabei bezeichnete »Domina« ursprünglich die beherrschende Rolle der Ehefrau im altrömischen Haushalt – heute verbinden viele etwas ganz anderes mit dem Begriff. Fränkische Winzer jedoch vor allem die Rotwein-Herrin ihres Anbaugebiets. In der fränkischen Rotwein-Statistik thront die neu-autochthone Rebsorte Domina noch vor dem Spätburgunder auf Platz eins. Insgesamt steht sie in Deutschland auf rund 400 Hektar – imposante 350 davon finden sich in Franken. 1927 wurde sie am Institut für Rebenzüchtung Geilweilerhof in Siebeldingen durch Peter Morio (1887–1960) aus Portugieser und Spätburgunder gekreuzt. Fast jeder fränkische Betrieb hat heute auch etwas Domina stehen. Es gilt der Grundsatz: Wer gern Silvaner trinkt, der trinkt auch gern Domina. Wobei das mehr mit Lokalpatriotismus als mit Aromatik zu tun hat. Es könnte allerdings auch an den kulinarischen Vorlieben der Franken liegen, denn Domina passt ideal zu Wildgerichten mit kräftiger roter, dunkler Sauce, zum Beispiel Reh aus dem Steigerwald – oder zu mariniertem Wildschweinschinken in Himbeer-Walnuss-Öl, den es in der Heckenstube des Weinguts A. & E. Rippstein gibt (April bis September geöffnet). Deren Domina »S« ist eine unfiltrierte Schöne, die direkt auf den Punkt kommt, nichts ihrer rauen Art ist durch Restzucker geschönt, stattdessen ist sie fleischig mit viel Kraft, herzhafter Struktur und Aromen von Zwetschgen und Bleistiftmine (die leckere Art ...), endet sehr trocken wie Sauerkirschsaft. Muss auf der Flasche reifen, dann findet der Wein zu sich. Begeisternd, was die Domina leisten kann. Ein wirklich ernsthafter Rotwein. Und Gott sei Dank hat Mathias Rippstein die Flaschen nicht in ein Lederkorsett gesteckt, wie es eine Genossenschaft vor einiger Zeit getan hat ...

Bei einem Damenkränzchen kann man ihn dennoch nicht auf den Tisch stellen. Nicht nur wegen des Namens, sondern wegen seiner in der Jugend schroffen Art. Ein Wein wie Wildwasserrafting – und dabei sehr fair kalkuliert (»S« ist die Spitzenlinie des Hauses).

Weingut A. & E. Rippstein | Sandgasse 26 | 97522 Sand am Main | Tel. 09524 / 1341 | www.weingut-rippstein.de | info@weingut-rippstein.de

FRANKEN
DOMINA I TROCKEN I UNFILTRIERT
DEUTSCHER QUALITÄTSWEIN
APNR. 6239 008 14
ENTHÄLT SULFITE I ERZEUGERABFÜLLUNG
WEINGUT A & L HOPFSTEIN
D-97522 SAND A. MAIN
WWW.WEINGUT-HOPFSTEIN.DE

0,75L 13,5%VOL

25 Ein Wein zum Vergessen

Silvaner »Myophorium« trocken ••••

Rucks »Myophorium« ist von einem typischen Silvaner ungefähr so weit entfernt wie Rügen von Hawaii. Die beiden trennen Welten. Der Myophorium ist ein wuchtiger Geselle, ein Berserker. Er ist kantig, manchmal regelrecht schwer und breit. Einige nennen ihn streng, andere schwärmen von seiner tiefen Mineralik und Würze, seiner Länge. Es ist ein Wein mit Stoppelbart und groben Händen. Einer, der Bäume ausreißen kann und jeden anderen Silvaner ausknockt – und vor allem einer, der Zeit braucht, um zu sich zu finden. Dieser Wein braucht Zeit und noch mal Zeit. Am besten in einer Magnum kaufen, in den Keller legen und einfach vergessen. Irgendwann ist er dann groß und unvergleichlich. Kein Wunder, dass nicht Silvaner auf dem Etikett steht, das würde bloß irritieren. Die Jahrgänge dieses Weines sind extrem unterschiedlich. Er kann auch mal an einen Viognier erinnern oder an einen weißen Hermitage, was völlig verrückt ist.

Die Rucks – Vater Hans (ein begnadeter Hobbykoch und Jazzer) sowie Sohn Johannes, genannt Hansi – wissen das alles. Und sie wollen mit diesem Wein ganz bewusst polarisieren. Deshalb bauen sie ihn in traditionellen Viertelstückfässern aus Iphöfer Eiche aus, vergären ihn mit wilden Hefen und füllen ihn unfiltriert ab. Keine Kompromisse. Die Trauben aus zwei ihrer besten Parzellen stammen von alten Silvaner-Rebstöcken im Iphöfer Julius-Echter-Berg und in der Rödelseer Schwanleite.

Seinen Namen hat der Wein von der Myophorienschicht des Keupers – aufgrund der kleinen Muschel Myophoria kefersteini, die darin als Fossil zu finden ist und vor 200 Millionen Jahren in der riesigen Lagune von Franken lebte. Vor allem um Würzburg, Iphofen und Escherndorf ist dieser ganz spezielle Muschelkalkboden zu finden. Nicht ganz so alt wie die Gesteinsschicht ist das Weingut Ruck. Es wurde zwar »erst« 1839 in Iphofen gegründet, doch die Familiengeschichte reicht zurück bis in das Jahr 945. Schon damals hatten Vorfahren der Rucks als Gefolgsleute der Karolinger in der Gegend von Tübingen mit Weinbau zu tun. Denen hätte der kantige Geselle »Myophorium« sicher gut gefallen.

Weingut Johann Ruck | Marktplatz 19 | 97346 Iphofen (Franken) | Tel. 09323/80088-0 | www.ruckwein.de | post@ruckwein.de

MYOPHORIUM

WEINGUT
JOHANN RUCK
IPHOFEN

FRANKEN

750 ml

Gutsabfüllung · Weingut Johann Ruck · D-97346 Iphofen
Qualitätswein · trocken · A.P.Nr 5013-024-08 · enthält Sulfite

alc. 13,0% by vol

26__Der feine Unterschied
Blauer Silvaner trocken ••

Franken ist das Königreich des Silvaners. Des Grünen Silvaners. Doch nun hat er Konkurrenz aus der eigenen Familie bekommen, und sie ist eine unzivilisierte Rothaut, die mehr Öchsle auf die Waage bringt. Auftritt: Blauer Silvaner. Auch bekannt als Blauer Österreicher, Blauer Schönfeilner, Bodenseetraube und – besonders schön – Silvaner Rouge.

Okay, stapeln wir ein bisschen weniger hoch: Zurzeit ist die Anbaufläche des Blauen Silvaners sehr gering, und es gibt nur eine einzige Rebschule, bei der man Pflanzmaterial kaufen kann. Im Schnitt erbringt er rund vier Öchsle mehr. Im Anbau und in der Aromatik gibt es keinen großen Unterschied. Wenn geschmacklich einer da ist, liegt es am Ausbau. Die meisten Winzer lassen die Maische etwas stehen, um ein leichtes Rotgold, eine Spur von Farbe hineinzubringen. Für einen Rosé oder Rotwein würde die Farbe aber nicht reichen. Und es gibt noch einen weiteren Unterschied: Traditionalisten kritisieren, dass dem Grünen Silvaner das Kantige, das Eigenwillige durch Züchtungen verloren gegangen ist. Wenn solche »Alten Hasen« den Blauen Silvaner probieren, fühlen sie sich wieder zu Hause: herb, mit Ecken und Kanten.

Man kann super darüber streiten, ob Horst Sauer eher ein Spezialist für trockene oder für edelsüße Silvaner ist. Sagen wir es so: Bei Letzteren kann ihm niemand das Wasser reichen. Gemeinsam mit dem Weingut Paul Fürst bildet er Frankens Spitze, wobei die Schwerpunkte etwas anders liegen. Die Sauers glänzen neben den Weinen von der fränkischen Königin vor allem mit ihren Rieslingen.

Ihr trockener Blauer Silvaner weist die typische hauchzarte Rosafärbung auf, in der Aromatik herrlich silvanertypisch mit einer charmanten Banane, fordernd fränkisch mit Biss im Abgang. All das makellos vinifiziert, wie es die Art der Sauers ist. Neben Horst Sauer ist es vor allem Tochter Sandra, welche die Rotweinproduktion bereits komplett übernommen hat. Ein starkes Team, das von den Lagen Escherndorfer Lump und Escherndorfer Fürstenberg mit die fruchtstrahlendsten Weine ganz Frankens keltert.

Weingut Horst Sauer | Bocksbeutelstraße 14 | 97332 Escherndorf | Tel. 09381/4364 | www.weingut-horst-sauer.de | mail@weingut-horst-sauer.de

VDP. ERSTE LAGE ®   VD

ESCHERNDORFER FÜRSTENBERG

HORST SAUER

BLAUER SILVANER S.

27 — Kompromissloser Schäumer
Pinot Rosé Sekt Brut Nature ••

Es gibt drei Champagner-Rebsorten: Chardonnay, Pinot Noir und Pinot Meunier. Zwei zogen in die Welt hinaus und wurden berühmt – eine blieb zu Hause. Na gut, nicht wirklich zu Hause, aber eine echte Weltkarriere wurde es nicht. Die Rede ist vom Pinot Meunier – in Deutschland als Schwarzriesling bekannt. Was irritierend ist, denn er gehört zur Pinot-, also zur Burgunderfamilie, ist vielleicht sogar der Urvater dieser. Da er jedoch in Wuchs und Form an den Riesling erinnert, bekam er den Namen verpasst.

Der französische Pinot Meunier bedeutet übersetzt Pinot Müller – weil die Blätter aussehen, als seien sie von unten mit Mehl bestäubt. In Deutschland wird er zumeist in Württemberg angebaut. Egon Schäffer zeigt, wozu die Rebe in Franken in der Lage ist. Schäffer ist ein außergewöhnlicher Winzer, ein Traditionalist aus tiefster Überzeugung, der die Weine seines kleinen Guts (nur rund 3,5 Hektar groß) genau so keltert, wie er sie selbst liebt: knochentrocken durchgegoren, früher nannte man dies fränkisch trocken. Unter zwei Gramm Restzucker ist sein erklärtes Ziel, dementsprechend stattlich sind die Alkoholwerte.

Durchgegoren ist auch sein Sekt aus der unbekannten Champagner-Schönen. »Brut nature« steht auf dem Etikett, das bedeutet unter drei Gramm Restzucker und gilt als »naturherb«. Synonyme sind Brut zeró, dosage zeró oder pas dosé. Trockener geht es beim Schaumwein nicht – deshalb ist er auch für Diabetiker geeignet. Aber keine Angst, der Sekt staubt nicht im Mund, ganz im Gegenteil. Beim Einschenken bildet sich ein wunderbar aufschäumendes Mousseaux. Im Mund hat er leckere rauchige Noten, einen feinen Anklang an Sherry. Seine Textur ist wie bei einem Champagner, mit tollem Biss, und er wirkt sehr ungekünstelt und ehrlich, ein wirkliches Unikat. Da er ein Rosé ist, hat seine Farbe einen feinen rötlichen Touch. Das ist kein Champagner-Nachbau, das ist Schwarzriesling für Fans von einzigartigen deutschen Sektspezialitäten.

Weingut Egon Schäffer | Astheimer Straße 17 | 97332 Volkach-Escherndorf | Tel. 09381/9350 | www.weingut-schaeffer.de | info@weingut-schaeffer.de

28 Der Anti-Angst-Wein

Muskatsilvaner & Muskateller »Dinarazade ST 5« trocken ••

Seien wir ehrlich: Dieses Etikett macht Angst. Erst zwei eher wenig bekannte Rebsorten, dann ein langer und schwer aussprechbarer orientalischer Name und schließlich noch ein Buchstabenziffernkürzel, wie bei einem Auto. Trinkt man den ST 5 etwa am besten im 5er BMW?

Dieser Weinname klingt nach einem komplizierten Tropfen, vor dessen Genuss man den Studiengang für transzendentale Mathematik an der Universität Teheran belegen sollte. Ein Wein für Experten, einer, den man verstehen muss – anders ausgedrückt: ein Wein, der irgendwie komisch schmeckt. Ein einschüchternder Wein. Und jetzt kommt das Wunderbare: alles halb so wild mit dem Namen. Bloß nicht abschrecken lassen. Hinter dem Muskatsilvaner, einem Namen, den die wenigsten Weingenießer außerhalb Süddeutschlands je gehört haben, steckt niemand anderer als der Sauvignon Blanc. Der wurde nämlich früher schon in Deutschland angebaut, nur unter anderem Namen. Muskateller ist eine der ältesten Reben überhaupt mit wunderbarem Muskataroma. Dinarazade ist in der Literatur die jüngere, die »kleine« Schwester der Scheherazade. Und Letztere gibt es auch im Weingut: ein Cuvée aus insgesamt sechs verschiedenen Rebsorten, die kleine Schwester Dinarazade besteht nur aus zwei Sorten.

Der Chef des Familienweinguts, Martin Steinmann (nur echt mit Hut), beschreibt das exotische Fräulein so: »In der Nase zeigt der Wein Aromen von frischen Trauben, Holunderblüte und Rosen. Das Ganze wird umspielt von würzigen Komponenten. Der Muskateller rundet die Kanten des Muskatsilvaners ab und umfängt den Wein mit seiner aromatischen, eleganten Art. Ein trockener, hocharomatischer Wein, der vor dem inneren Auge das Bild eines orientalischen Basars heraufbeschwört.«

Der Familie gehört auch eine sehr bekannte Rebschule – weswegen man im Weingut auch außergewöhnliche Sorten findet. »ST 5« ist die Bezeichnung der Muskatsilvaner-Rebenselektion der Rebschule. Über elf Rebselektionen hat man hervorgebracht und ist so stolz darauf, dass man sie aufs Etikett schreibt. Geheimnis gelüftet.

Weingut Schloss Sommerhausen | Ochsenfurter Straße 17–19 | 97286 Sommerhausen | Tel. 09333/260 | www.sommerhausen.com | info@weingut-schloss-sommerhausen.de

Weingut Schloss Sommerhausen
seit 1435

Dinarazade

29__ Stahlhart

Müller–Thurgau Hasennest trocken »Damaszener Stahl« ••••

Federstahl, Damaszenerstahl, Edelstahl. So martialisch kommen Wein-namen selten daher. Bei Christian Stahl, Jahrgang 1978, ist der Fami-lienname für diese Heavy-Metal-Gang verantwortlich. Komplettiert wird die Truppe durch »Rostfreier Stahl« (Brände) und »InoxStahl« (Liköre). Unmetallisch kommen der Silvaner (»Literweise«) die Scheu-rebe (»Rauschgift«) und der Spätburgunder (»Rosenrot«) daher. Aber nicht ablenken lassen: Dies ist kein Weingut mit Marketing-Bluff, der überdecken soll, wie schwach die Weine sind.

Hier stimmt alles. Wichtigste Rebsorte ist der viel geschmähte Mül-ler-Thurgau. Ein Massenträger. Hier liegen die Erträge unter 50 Hek-toliter pro Hektar. Der felsige Muschelkalkboden des Taubertals ver-leiht ihm etwas, was trotz seiner Rebsorten-Mutter Riesling viele für unmöglich halten: eine rieslingähnliche Pfirsich-Aromatik. Dazu Mi-neralität und Festigkeit. Kein Gramm Fett auf den Rippen. Deshalb macht dieser Wein, machen alle Weine des Hauses, nicht satt. (Ja, das gibt es auch bei Wein. Wenn sie schwer und breit und alkoholisch sind. Das erste Glas mag noch faszinieren – aber bei dem ersten bleibt es dann auch.)

Christian Stahl verdiente sich seine Sporen bei Ludwig Knoll in Würzburg und in der Kaderschmiede Geisenheim. Einst hatte das el-terliche Weingut zwei Hektar – heute sind es 20. Eine Erfolgsge-schichte.

Der feinfruchtige Müller-Thurgau stammt aus der Lage Tauberzel-ler Hasennestle. Steil ist sie und Muschelkalkboden weist sie auf, noch dazu nach Süden gerichtet. Der fränkische Weinbau hat eine Beson-derheit, die man hier sehen kann: die Steinriegel. Die am Rand des Weinbergs heruntergeschichteten Steine fungieren als Windabweiser und als Wärmespeicher für die Nächte. Das sind aber nur Nebeneffek-te. Ursprünglich schichtete man sie aber auf, weil man die Wingerte hacken können musste – mit großen Steinen ging das nicht. Also frü-her steinhart – heute stahlhart.

Winzerhof Stahl | Lange Dorfstraße 21 | 97215 Auernhofen | Tel. 09848/96896 |
www.winzerhof-stahl.de | mail@winzerhof-stahl.de

DA
MAS
ZE
NER

STaHL

"HASENNEST" Müller Thurgau

30_ Vetternwirtschaft

Sylvaner trocken »GK« •••••

Ein paar ungewöhnliche Fakten für ein Weingut: 20 Quadratmeter im Haus der Oma. 1,5 Hektar Weinberge. Trauben werden mit den Füßen gestampft (aus Überzeugung). Selbst die Oma mit über 80 Jahren hilft im Wingert mit.

Aber Stefan Vetter ist kein Phantast. Er hat Internationale Weinwirtschaft studiert. Jetzt will er kein Produkt erzeugen, sondern Weine herstellen, bei deren Genuss man die »Komplexität und Spannung erlebt, die diese Reben auf diesem Boden hervorbringen«. Das ist kein Lippenbekenntnis, Vetter geht das Projekt »Vin Naturel« entsprechend an.

Im Weinberg biologische Bewirtschaftung, Hacke und Motorsense statt Herbizid, Handarbeit statt Traktor, Handlese statt Vollernter. Im Keller dann schonende Kelterung mit der Korbpresse, spontane Vergärung, Verzicht auf Schönungs- und Behandlungsmittel, Ausbau im Holzfass, unfiltriertes Abfüllen, minimale Schwefelung. Das steht seinem Sylvaner alles großartig. Stolze elf Monate liegt dieser im Holzfass. Er duftet nach Limette, Kernobst und Waldmeister, im Mund ist er frisch, elegant und mit saftiger Säure. Einer der größten Individualisten unter Deutschlands Sylvanern. Die Menge enorm limitiert.

Und wie fing alles an? Mit einer unscheinbaren Zeitungsanzeige im Januar 2010, in der ein kleiner Weinberg zur Pacht angeboten wurde. Gepflanzt 1958, das ließ Stefan Vetter aufhorchen, knorrige Stöcke, krumme Weinbergspfosten, es war Liebe auf den ersten Blick. Zwei Jahre bewirtschaftete er diesen Weinberg neben seiner Tätigkeit im Burgenland am Wochenende, bis er 2012 wieder nach Franken zog und noch zwei weitere kleine Weinberge dazu pachtete. Darunter den Gambacher Kalbenstein – Trauben- und Namensgeber für den »GK«. Ein ökologisches Kleinod, das unter Naturschutz steht, unter anderem, weil man hier den Feuersalamander, rare Schmetterlinge und manchmal sogar den seltenen Eisvogel findet.

Weingut Stefan Vetter | Neuweg 2 | 97753 Gambach | Tel. 09353/9843505 | www.vetterwein.wordpress.com | vetter_stefan@gmx.de

Weinbau
Vetter

Sylvaner /
GK

DIESER WEIN STAMMT VON ÜBER 50 JAHRE ALTEN SYLVANERREBEN.
DIE TRAUBEN WURDEN SCHONEND MIT EINER KORBPRESSE GEPRESST UND SPONTAN VERGOREN.
DER WEIN WURDE OHNE ZUSÄTZLICHE BEHANDLUNGS- ODER SCHÖNUNGSMITTEL NACH 18
MONATEN LAGERUNG IN HOLZFÄSSERN UNFILTRIERT ABGEFÜLLT.

*Nicht mehr,
aber auch nicht weniger*

31 Deutschlands Methusalem

Rimbacher Landsknecht »Alter Satz« trocken ••••

1835 eröffnete die Ludwigs-Eisenbahn-Gesellschaft die erste dampfbe-triebene Eisenbahnlinie in Deutschland. Im selben Jahr legte Johann Hufnagel im »Terroir am Rimbach« (heute: Rimbacher Landsknecht), wie es im alten Kirchenbuch nachzulesen ist, einen kleinen Weinberg für seine Familie an. Die Reben haben seitdem unzählige Frostperioden, Tro-ckenjahre und fünf Kriege durchlebt und bringen dennoch kleine, aber sehr wertvolle Trauben hervor. Die Reblaus hat es nie bis zu ihnen ge-schafft, diese Reben sind echte Überlebenskünstler.

Hufnagel pflanzte nicht nur eine Rebsorte an, sondern gleich 35 ver-schiedene – von einigen weiß man heute nicht einmal mehr den Namen. So war das damals und bis 1950 in Deutschland üblich. Der Name die-ses Weinbaus: Gemischter Satz. Das Nebeneinander von mehreren Reb-sorten an einem Standort diente dazu, Ausfälle durch Schlechtwetter, Frost, Fäulnis oder Schädlingsbefall zu kompensieren. Selbst wenn meh-rere Rebsorten darunter zu leiden haben, einige eben auch nicht. Nicht umsonst heißt es: »Eine Rebsorte ist eine Geige, der Gemischte Satz aber ein Orchester.«

Riesling, Silvaner, Elbling, Muskateller und Traminer sind die Haupt-sorten, wobei Otmar und Johannes Zang alle Trauben zeitgleich lesen – wenn der Elbling reif ist. Sie werden auch zusammen angebaut. Nach langem Hefelager und ohne jegliche Schönung wird der Wein dann im Frühjahr auf die Flasche gefüllt. Es macht wenig Sinn, Geschmack und Duft dieses Weines exakt zu beschreiben, denn in jedem Jahrgang fallen diese sehr unterschiedlich aus, manchmal wird eine Rebsorte zuerst reif und dominiert, manchmal eine andere. Doch einige Eckpfeiler gibt es: Der Wein ist kräuterwürzig, rassig in der Säure und angenehm herb.

Das ist trinkbare Weingeschichte. Manche Weinsammler bekreuzigen sich, wenn sie einen Wein vom Anfang des 20. Jahrhunderts trinken, ist es nicht eigentlich viel spektakulärer, Wein von fast 200 Jahre alten Reben zu genießen? Eine ungewöhnliche Art der Zeitreise – nämlich eine, die schmeckt.

Weingut Otmar Zang | Zum Katzenkopf 2 | 97334 Sommerach |
Tel. 09381/9278 | www.weingut-zang.de | info@weingut-zang.de

32___ Back to the future

Sulzfelder Chardonnay trocken ••

Manche halten Franken für altbacken, für gemütlich und in Tradition erstarrt, für Silvaner und sonst nix. All das ist Schmarrn. Und das allerbeste Gegenbeispiel ist das Weingut Zehnthof – Theo Luckert in Sulzfeld. Das fängt schon bei den Rebsorten an. Auch hier ist Silvaner die Nummer eins, aber es gibt daneben Chardonnay, Merlot, Cabernet Sauvignon, Sauvignon Blanc und Frühburgunder.

Aber im Keller herrscht Tradition. Ducati-Fan Wolfgang und Bruder Uli Luckert setzen bei ihren Weißweinen auf Vergärung und Ausbau im großen Holzfass. Sie lassen ihre Weine mit eigenen Hefen vergären und nehmen sich Zeit. Alle Weinberge sind natürlich begrünt, und seit 2009 werden alle Lagen ökologisch bewirtschaftet. Moderne und Tradition schließen sich hier nicht aus, sie gehen Hand in Hand. Vielleicht passend, dass der Betrieb in einem ehemaligen fürstbischöflichen Zehntkeller aus dem Jahr 1558 untergebracht ist, den die Familie Luckert Ende der 1970er Jahre erwarb – die Renovierung dauerte stolze zwölf Jahre.

Um bei Jahreszahlen zu bleiben: Bereits seit 1988 – für Deutschland ungewöhnlich früh – baut man Chardonnay an. Der von diesen bemerkenswert alten Rebstöcken erzeugte Wein ist vielleicht der Preis/Genuss-Tipp im Weingut (das wie viele Spitzenweingüter etwas mehr für seine Weine verlangen kann – sie sind es alle wert): tolle, aromatisch strahlende Südfrüchte in der Nase, lebhafte, animierende Art. Große Trinkfreude der elegant-stilvollen Art.

Seine Cremigkeit lässt ihn wie feinste Zabaione mit Weißwein erscheinen. Franken, du herrliches Burgunderland!

Die Luckerts legen ihr mit solch grandiosen Weinen erwirtschaftetes Geld gut an. In der uralten Lage »am Kreuz« spürte Uli Luckert einen Silvaner-Weinberg aus den 1870er Jahren auf (der vermutlich älteste seiner Art in Deutschland) und rettete ihn vor dem Aushauen. 2011 gab es den ersten Ertrag dieser »Methusalemreben«. Und mit Edelreisern von uralten Silvanern wurde ein neuer Weinberg angelegt. Das ist fraglos: back to the future.

Weingut Zehnthof – Theo Luckert | Kettengasse 3–5 | 97320 Sulzfeld am Main |
Tel. 09321/23778 | www.weingut-zehnthof.de | luckert@weingut-zehnthof.de

Mittelrhein

Deutschland hat eine Weinregion, die gleichzeitig eine UNESCO-Welterbestätte ist: den Mittelrhein. Eigentlich nur das Obere Mittelrheintal, aber das Untere trägt den Titel dank des Limes nun auch. Weingeografisch reicht der Mittelrhein ungefähr von Bingen (das noch zu Rheinhessen gehört) bis Bonn.

In dem malerischen Flusstal mit seinen gerade einmal 460 Hektar herrscht Deutschlands weiße Paraderebsorte, der Riesling. In Orten wie Bacharach, Boppard oder Leutesdorf finden sich Winzer, die die anstrengende Arbeit in den Steilhängen nicht scheuen. Besonders berühmt ist die Region für ihre halbtrockenen und feinherben Tropfen – die sogar überzeugte Trockentrinker begeistern können. Goethe und Heine liebten die Tropfen vom Mittelrhein. Bedanken kann man sich für diese übrigens bei den Römern, denn sie brachten den Weinbau hierher.

33 Wein, Winzer & Gesang

Riesling »Orion« trocken •

Manchmal kann es schwer sein, gleich zwei Talente in die Wiege gelegt zu bekommen. Friedrich Bastian kann ein Lied davon singen – im wahrsten Sinne des Wortes. Denn er ist ausgebildeter Opernsänger samt Diplom, und ihm stand eine große Karriere offen, als er 1993 das Weingut übernehmen musste, zu dem auch der Gutsausschank »Zum Grünen Baum« gehört (eine echte Gutsstube, von der Teile noch aus dem Jahr 1421 stammen, herrlich unmodern, mit einfachen Vespergerichten). Es dauerte, bis Friedrich Bastian seinen Frieden mit dieser Lebenswendung machte – aber als er es tat, wurden seine Weine noch besser. Seinen Frieden schloss er, indem er die beiden roten Fäden seines Lebens zusammenband. Auf der Weininsel Heyles'en Werth, die zum Gut gehört, singt er im Sommer unter freiem Himmel, in Verbindung mit Wein und feinen Speisen – »Cuvée Surprise« heißt das Ganze und ist eines der schönsten Events der deutschen Weinszene. Heyles'en Werth ist eine von nur vier deutschen Inseln, auf denen Wein erzeugt wird. Dort sind die Böden fetter und nicht vom Schiefer geprägt wie in seiner eigentlichen Spitzenlage, dem Bacharacher Posten.

Heyles'en Werth befindet sich im Alleinbesitz. Die idyllische Insel samt verfallenem Haus wird regelmäßig überflutet und bis 1974 wurde alles, was zur Bearbeitung notwendig war, in einem kleinen Kahn hin- und auch wieder zurückgerudert – einschließlich der Rinder und der kompletten Weinernte. Dann konstruierte Fritz Bastian mit einem Schmied eine eigene Fähre, die »Bacchi Ara«.

Sein Steillagen-Riesling »Orion« hat seinen Namen von einem kleinen Schmetterling, dem vom Aussterben bedrohten Fetthennen-Bläuling, lateinisch Scolitantides orion, den Bastian 2004 in einem rekultivierten Weinberg entdeckte. Der Wein duftet prägnant nach grünem Apfel und Zitrone, die Aromatik zieht sich am Gaumen durch, und er ist ein prototypischer Bacharacher Riesling: stahlig, geradlinig und geschliffen. Dazu darf ruhig auch gesungen werden.

Weingut Friedrich Bastian | Oberstraße 63 | 55422 Bacharach | Tel. 06743 / 1208 | www.weingut-bastian-bacharach.de | weingut-bastian-bacharach@t-online.de

34 — Die Rote Seite des Mittelrheins

Spätburgunder »Roter Hahn« trocken ••

Das Weingut Toni Jost ist der Bacharacher Hahn. Der Bacharacher Hahn ist das Weingut Toni Jost. Nur wenige Weingüter werden so mit einer einzigen Lage identifiziert wie dieser alteingesessene Mittelrhein-Betrieb. Kein Wunder, befindet sich die Lage heute doch fast komplett im Besitz der Familie Jost, und es waren die Josts, welche den Hahn quasi im Alleingang berühmt gemacht haben als einen der herausragenden Weinberge des Tals. Deshalb nennt man sich auch mit Fug und Recht der »Hahnenhof«. Der Hahn ist eine hundertprozentige Steillage, die majestätisch auf den Rhein blickt. Der Südhang – zum Teil nach Osten drehend – ist geschützt gegen die kalten Nordwinde, mit ideal ausgeglichenen Temperaturen. Die Lage liegt nördlich von Bacharach und zieht sich in ein Seitental hinein. Erstmals erwähnt wird sie im 14. Jahrhundert als »Hayn«. Damit wurden im Mittelalter Parzellen bezeichnet, die mit einer Hainbuchenhecke umfasst waren. Die gesteinsreichen Tonschieferverwitterungsböden aus dem Devon (Hunsrückschiefer), durchsetzt mit Grauwacken und Quarziten, sind ideal für den Riesling.

Berühmt ist das Weingut für seine Rieslinge – doch was nur wenige wissen: Seit 150 Jahren pflegt das Weingut auch den Rotweinanbau, ungewöhnlich für das vom Riesling regierte Tal. Und wie an Ahr und Mosel ist Rotwein von Schieferböden ganz besonders im Ausdruck. Der »Rote Hahn« wird im großen Holzfass ausgebaut, ist saftig, sehr fruchtig (Waldbeeren) und im besten Sinne rustikal. Man spürt den Schiefer und man spürt die Kraft bei aller Eleganz. Die rote Seite des weißen Mittelrheins – mehr als entdeckenswert.

Im Sommer 2009 beendete Tochter Cecilia ihr Weinbaustudium in Geisenheim, als sechste Generation tritt sie ins Weingut ein. In ihrer Ausbildung lernte sie das Weinmachen in Baden, Österreich und Neuseeland. Mittelrhein international.

Weingut Toni Jost – Hahnenhof | Oberstraße 14 | 55422 Bacharach |
Tel. 06743 / 1216 | www.tonijost.de | tonijost@freenet.de

35_ Wein aus Leidenschaft

*Bacharacher Kloster Fürstental »Alte Reben« Riesling
Spätlese feinherb* ••

Man muss seiner Leidenschaft nachgehen, das zeigt das Weingut Dr. Randolf Kauer, jüngstes unter den Spitzenweingütern am Mittelrhein. Erst 1982 wurde es gegründet und ist trotz dieser kurzen Zeitperiode und obwohl gerade einmal 3,3 Hektar bewirtschaftet werden, eine Institution geworden, ein Fixpunkt des kleinen, aber feinen mittelrheiner Weinhimmels.

Als Randolf Kauer die ersten Flächen pachtete, tat er das aus Spaß an der Sache und zur praktischen Unterstützung des Weinbaustudiums. Heute ist Randolf Kauer Ökowein-Professor an Deutschlands »Wein-Uni« Geisenheim und gilt als der Fachmann schlechthin in Sachen ökologischer Weinbau. Das Weingut führt er weiterhin, im Nebenerwerb, weswegen in diesem die Vorlieben von Chef und Chefin die Weine festlegen und nicht der Markt. Das schmeckt man in den geschliffenen, säure- und terroirbetonten Rieslingen des Hauses. Randolf Kauer füllt das Glitzern des Schiefers in Flaschen ab.

Sein feinherber »Alte Reben« aus der Lage Bacharacher Kloster Fürstental ist vielleicht sein großartigster Wein, der eine unglaubliche mineralische Tiefe mit feinem Aufspiel und perfekter Säure-Süße-Balance vereint. Man schmeckt förmlich, wie tief die Reben im Gestein wurzeln. So pur und direkt wie hier schmeckt der Mittelrhein-Schiefer bei keinem anderen Winzer. Und immer hat man bei seinen Weinen das Gefühl (und das Wissen): Genau *so* sind sie gewachsen, hier wurde nicht getrickst, nicht nachgeholfen, nichts erzwungen. Das hat alles die Natur gegeben – und Randolf Kauer war so klug, sie es geben zu lassen. Es fällt leicht, ihn und seine Frau Martina ins Herz zu schließen. Sie vereinen Bodenständigkeit und Weitsicht, engagieren sich vielfältig in ihrer Heimatgemeinde und schaffen es, alles leicht aussehen zu lassen – und niemals ihre gute Laune zu verlieren. Probieren sollte man unbedingt auch den mit Kräutern und Honig versetzten Trester und die lange auf der Hefe gereiften Sekte des Hauses. Alles Liebhabereien.

Weingut Dr. Randolf Kauer | Mainzer Straße 21 | 55422 Bacharach |
Tel. 06743/2272 | www.weingut-dr-kauer.de | weingut-dr.kauer@t-online.de

WEINGUT
DR. RANDOLF KAUER

ECO VIN

Riesling Spätlese feinherb
Bacharacher Kloster Fürstental
- Alte Reben -

MITTELRHEIN

36 Ein echter Lieblingswein

Riesling »Edition MM« feinherb ••

Der »Edition MM« vom Bopparder Weingut Matthias Müller ist wohl der wandlungsfähigste Spitzenwein Deutschlands. Er ist jedes Jahr ein anderer, wie ein Spitzenschauspieler, der in Rollen schlüpft. Doch eigentlich ist es andersherum: Von außen, vom Namen her, sieht es gleich aus, doch drinnen ist etwas anderes. Im Klartext: Der Ehrentitel »Edition MM« (steht für Matthias und Marianne Müller) wird in jedem Jahr zwei oder drei außergewöhnlichen Weinen des Guts verliehen, den Lieblingen des Winzerehepaars, egal von welcher Lage. Aus dem Bopparder Hamm (vom lateinischen »hamus«, Haken) kommen sie aber alle. Und dieser ist mehr als eine renommierte Schiefersteillage. Er ist so groß, dass er den Status eines Ortsteils innehat. Rund 75 Hektar sind es, damit ist er die größte zusammenhängende Rebfläche des Mittelrheins – und außerdem ist er gleich auch noch die größte Rheinschleife.

Hier und nirgendwo sonst auf dem Erdball wächst auch die Bopparder Schleifenblume (Iberis boppardensis), während die Westliche Smaragdeidechse vorbeitapert. Ein Biotop mit Weinbau (Fotos auf der Website welterbe-mittelrheintal.de).

70 Prozent der Produktion des Weinguts Matthias Müller sind trockene Tropfen – und doch ist es am berühmtesten für seine halbtrockenen und feinherben (süßer als halbtrocken) Gewächse. Die in der Regel spontan vergorenen Kreszenzen sind füllig und stoffig, häufig mit köstlichem Nusston. Sie haben eine fast barocke Art, wie sie sonst niemand am Mittelrhein auf die Flasche bekommt.

Gerade Weine mit etwas mehr Restsüße können diese Stärke ausspielen und bleiben dank der nervigen Mittelrhein-Säure in saftiger Balance – wobei die Bopparder Weine grundsätzlich etwas weniger stahlig ausfallen als die des konkurrierenden Bacharach. Weine, die Kenner wie Laien begeistern. Und die Preise für die Weine sind für einen solchen Spitzenbetrieb geradezu atemberaubend niedrig. Nicht nur deshalb sind die Müllers ein ungemein sympathisches Ehepaar, dem der Erfolg nicht zu Kopf gestiegen ist.

Weingut Matthias Müller | Mainzer Straße 45 | 56322 Spay | Tel. 02628/8741 | www.weingut-matthiasmueller.de | info@weingut-matthiasmueller.de

MATTHIAS MÜLLER

EDITION MM

Riesling Spätlese

feinherb

Bopparder Hamm Mandelstein

37 Ein Champagnerhaus am Mittelrhein

Bacharacher Riesling Sekt Brut ••

Im 19. Jahrhundert erkannte man die Eignung des Rieslings zur Versektung, und am Mittelrhein gründeten sich mehrere »Champagnerhäuser« – heute stehen noch die imposanten Gutsgebäude, doch die ruhmreiche Geschichte des Riesling-Sekts aus dem Tal der Loreley ist Historie. Durch Missernten in den Jahren 1848 bis 1857 wurde sie unterbrochen. Und nach Einführung der Eisenbahn sanken dann auch noch die Transportkosten für die Konkurrenz – billige importierte Weine aus dem Süden. Dort waren die klimatischen Bedingungen günstiger, und die Arbeitskräfte kosteten weniger. Zwar produzieren heute noch einige Güter am Mittelrhein Schaumwein, doch nur eines hat sich damit überregional einen Namen gemacht und hält die Fahne des Spitzensektes empor: Ratzenberger.

Nach traditioneller Methode, also wie in der Champagne, wird hier produziert. Die Trauben stammen von der Lage Bacharacher Kloster Fürstental, wo die Schieferböden einen höheren Lehmanteil aufweisen. Weite Rebzeilen und eine Begrünung mit Gräsern und Wildkräutern sorgen hier für eine gute Belüftung und somit für gesunde Trauben – eine wichtige Voraussetzung für die Herstellung von Spitzensekt. Würzige Schiefernoten findet man in diesem, und meisterhaft schafft er die Balance von Säure und Cremigkeit. Er duftet nach Hefezopf oder dem guten Sonntagsplatz der Kindheit und karamellisiertem Apfel.

Neben dieser Spezialität darf man die Stillweine des Guts aber nicht vergessen. Der Grauburgunder ist zum Beispiel ebenfalls ein echter Tipp, weil er nicht fett und breit ausfällt, sondern eine fein ziselierte Mineralität aufweist, die ihn zu einem hervorragenden Essensbegleiter macht. Diese Mineralität findet sich auch bei den Rieslingen, die Biss und reife Säure haben, welche sich gut mit den häufig im Bukett zu findenden Wildkräuter-Aromen verträgt. Knapp 13 Hektar Weinberge sind im Besitz der Familie Ratzenberger. Eine Parzelle endet gar direkt am Haus – da hat man es nicht weit zur Arbeit.

Weingut Ratzenberger | Blücherstraße 167 | 55422 Bacharach | Tel. 06743/1337 |
www.weingut-ratzenberger.de | weingut-ratzenberger@t-online.de

Mosel

Bis Ende 2006 trug dieses Weinbaugebiet, das sich von Koblenz bis hinter Trier erstreckt, noch den Namen Mosel-Saar-Ruwer. Die Nebenflüsse Saar und Ruwer zählen zwar weiterhin dazu, aber um es Weingenießern im Ausland leichter zu machen, sich den Namen zu merken, wurde er abgekürzt.

Die Mosel ist weltweit das bekannteste deutsche Anbaugebiet – und auch eines der ältesten. Seit dem 1. Jahrhundert nach Christus wird hier Weinbau betrieben. Heute gibt es nur noch 9.000 Hektar, weil vielerorts der Nachwuchs die harte und unrentable Arbeit im Weinberg für andere Jobs aufgibt.

Und das in einem Gebiet, das vor Superlativen nur so strotzt: Die Mosel weist die größte Rieslingfläche der Welt auf (allerdings werden auf 40 Prozent der Fläche auch andere Rebsorten angebaut), sie ist das größte Steillagengebiet des Globus, Neumagen ist der älteste Weinort Deutschlands und der Bremmer Calmont der steilste Weinberg der Welt.

38 Der Tropfen vom Weinschiff

Dhroner Hofberg Riesling Spätlese fruchtsüß •••

Babylonische Sprachverwirrung gefällig? Dhronhofberger, Dhron-Hofberger, Dhron-Hofberg, Dhron Hofberg, Dhroner Hofberger, Dhroner Hofberg. Alles dieselbe Lage – aber jeder schreibt sie anders. Und das, obwohl sie legendär ist.

Schon in der preußischen Steuerkarte wird sie als eine der besten Lagen der Mittelmosel bezeichnet. Sie ist steil (30 bis 60 Prozent Hangneigung), nach Süden ausgerichtet, und das ganze Jahr fällt genügend Niederschlag. Das rötliche Schiefergestein führt zu sehr kraftvollen, fruchtopulenten Weinen.

Aber während die benachbarten Lagen Trittenheims und Piesports Berühmtheit erlangten, geriet diese lange Zeit in Vergessenheit. Es mussten erst Winzer wie Andreas Adam kommen, um sie aus dem Dornröschenschlaf zu wecken. Dieser übernahm das stillgelegte Weingut seines Großvaters, mit nur einem Hektar Weinberg.

Seine fruchtsüße Spätlese vom Dhroner Hofberg ist ein mächtiger Moselwein (wobei die Lage im Dhrontal liegt, aber nah der Moselmündung), hochreif, kraftvoll in sich ruhend und so »fest«, als wäre der Weinberg in Pulverform zugegeben worden. Ein Meditationswein für Freunde schlafender Riesen. Wer es weniger heftig mag, sollte zum spielerischen Kabinett greifen. Für Moselverhältnisse günstig sind die Weine dieses Guts nicht.

Neumagen-Dhron beansprucht übrigens, Deutschlands ältester Weinort zu sein. Begründet wird dies mit dem Neumagener Weinschiff, dem Grabmal eines römischen Weinhändlers aus dem Jahr 220 nach Christus. Das Original befindet sich heute im Rheinischen Landesmuseum in Trier, doch vor Ort gibt es eine Kopie. Und noch besser: einen 18 Meter langen Nachbau (mit 22 Rudern – aber auch einem Motor), der gechartert werden kann. Aufgrund der Art der am Ruderschiff zu erkennenden Fässer kann man sogar darauf schließen, dass sie Moselwein verschifften. Bei einer Fahrt schmeckt Andreas Adams Wein natürlich besonders gut – Seekrankheit ausgeschlossen.

Weingut A. J. Adam | Brückenstraße 51 | 54347 Neumagen | Tel. 06507/2115 | www.aj-adam.com | dhronhofberger@gmx.de

A.J. Adam

Hofberg

Spätlese

39 — Deutschlands Herrscher a. D.

Elbling Sekt Brut •

Der Elbling, eine dichte Traube mit großen, nahezu runden Beeren, ist eine der ältesten Rebsorten Europas. Und obwohl der Name anderes vermuten lässt, stammt sie nicht aus der Elbgegend, sondern aus dem Rheingraben. Ein echter deutscher Ureinwohner also, der – wie DNA-Analysen in den 1990er Jahren beweisen – eine spontane Kreuzung des Weißen Heunischs mit einer fränkischen Sorte ist.

Schon die römischen Weinautoren Columella und Plinius der Ältere (23–79) haben in ihren Werken eine Rebe Vitis albuelis (Vitis alba, Uva alba) beschrieben. Der ertragreiche Elbling war bis zum 17. Jahrhundert eine der häufigsten Rebsorten Deutschlands – nicht zuletzt wegen der üblichen Abgabe »des Zehnten«. Erst nach Abschaffung des sogenannten Zehntweins wurde sie durch qualitativ wertvollere Reben ersetzt. Clemens Wenzeslaus, Kurfürst und Erzbischof von Trier, verfügte vor rund 200 Jahren gar, dass der Elbling verschwinden muss. Denn er wünsche »nur gute Reben«.

Matthias Dosterts Weinberge sind zu 90 Prozent mit Elbling bestockt, und er beweist Jahr für Jahr, dass auch Elbling eine »gute Rebe« ist.

Sein Weingut, das er zusammen mit seiner Tochter Carina Curmann führt, liegt in Nittel an der Obermosel. Auf der anderen Seite des Flusses ist Luxemburg, und statt des sonst für die Mosel typischen Schiefers wachsen die Reben hier auf Muschelkalkboden.

Ihre Qualitäten (wenig Alkohol, viel Säure) kann die Sorte besonders als Sekt ausspielen – als normaler Wein fällt sie dagegen manchmal furchtbar langweilig aus. Dostert vergärt seinen Elbling-Sekt mit Champagner-Hefe, rüttelt ihn noch per Hand und erhält dank der Muschelkalkböden einen Sekt, der köstlich nach Apfel, Kastanien und frischem Heu duftet, der saftig ist und wohldosiert schäumt – ein Sekt für jedermann also. Vor allem für alle, denen ganz trocken einen Tick zu herb ist, denn Matthias Dostert interpretiert die Geschmacksrichtung »Brut« süßer als viele Kollegen.

Weingut Dostert | Weinstraße 5 | 54453 Nittel | Tel. 06584/91450 | www.weingutdostert.de | info@weingutdostert.de

40 Der Gin des Lebens
Ferdinand's Saar Dry Gin •••••

Natürlich ist dies kein Wein – aber näher kommt kein Gin an Wein heran. Er ist nämlich mit Riesling des VDP-Weingutes Forstmeister Geltz-Zilliken aus der Kultlage Saarburger Rausch infundiert – ausschließlich Spät- oder Auslesen finden Verwendung.

Aufgrund der 30 verwendeten Botanicals schmeckt man das nicht unbedingt heraus, aber der Gin überzeugt trotzdem sehr.

Zu den Botanicals gehören unter anderem Früchte der direkt hinter dem Weingut stehenden Quitten- und Rubinette-Apfelbäume. Der Lavendel stammt von brachliegenden Weinbergen im Konzer Tälchen, der Zitronenthymian wird im Garten kultiviert.

Distiller Andreas Vallendar erzeugt auch einen Saar Quince Gin, bei dem neben Birnenquitten ein 2011er Riesling Kabinett Verwendung fand, der vom »Gault&Millau WeinGuide« als bester Kabinettwein des Jahres ausgezeichnet wurde. Luxuriös kann man da nur sagen! Der Gin selbst sackte auch schon mehrere Preise ein, darunter die Auszeichnung »Aromatischste Spirituose des Jahres« beim »Internationale Spirituosen Wettbewerb«.

Das Weingut Forstmeister Geltz-Zilliken ist nicht irgendein Weingut an der Mosel, sondern ein Familienbetrieb mit viel Tradition und echtem Kultstatus, die Weine haben legendäres Reifepotenzial. Legendär auch der Keller, es ist der tiefste an der Saar, der drei Stockwerke unter die Erdoberfläche reicht. Hier sind bei 11 Grad Celsius und hoher Luftfeuchtigkeit bereits Szenen für Kriminalfilme gedreht worden.

Wem das Portemonnaie locker sitzt, der greift zur limitierten Sonderabfüllung namens »Goldcap«. Neben getrockneten Rieslingtrauben, Mirabellen, Kacaobohnen, Akaziensprossen und Birnen von der Saar wird als Infusion ein hochprämierter Versteigerungswein verwendet – eine Auslese Goldkapsel. Auch sie vom Saarburger Rausch, die neben mittelgrauem, feinblättrigem Devonschiefer auch Diabas aufweist – ein vulkanisches Eruptionsgestein.

Capulet & Montague LTD. – Zweigniederlassung Deutschland | Karcherstraße 22 | 66111 Saarbrücken | Tel. 0681/95816400 | www.saar-gin.de | office@capuletandmontague.de

41 Der Wein der Königin

Maximin Grünhaus Abtsberg »Alte Reben« Riesling
Spätlese trocken •••

In jedem Jahr ordert ein renommierter Londoner Weinhändler 120 Flaschen Abtsberg Kabinett. Doch beim 1990er Jahrgang ging etwas schief. Als nachgefragt wurde, war der Wein bereits ausverkauft. Nach kurzer Zeit kam aus London ein Brief in ungewöhnlich scharfem Ton, denn die 120 Flaschen waren für den Keller des Buckingham Palace bestimmt. Das Weingut bot an, die Spätlese zum Preis des Kabinetts zu liefern. Die Antwort aus London kam schnell: »Buckingham Palace ist sehr erfreut über diesen Vorschlag, bittet aber, die Auftragsmenge in diesem Falle von 120 auf 240 Flaschen der angebotenen Spätlese zum niedrigen Preis des Kabinettweines zu erhöhen.«

Es gibt viele Luxusgüter des englischen Königshauses, die man sich nicht leisten kann, den Wein von der Gutsverwaltung aber schon. Der Abtsberg befindet sich im Alleinbesitz des Guts und ist seit über 1.000 Jahren mit Reben bepflanzt. Seinen Namen hat er, weil von hier einst der Tropfen für die Äbte der Abtei Sankt Maximin kam. Tradition zeigt sich auch am Jugendstil-Etikett, das seit Ende des 19. Jahrhunderts unverändert ist. Neben einer Ansicht von Grünhaus ist auf der linken Seite das Wappen der Familie von Schubert zu sehen, eingerahmt von zwei Putten. Wappentier der Familie ist das »schnaubende Dampfross« mit einem Schwert zwischen den Vorderhufen. Es deutet auf die Verdienste von Conrad von Schubert hin, der als Gründer des ersten Eisenbahner-Pionierregimentes vom deutschen Kaiser geadelt wurde. Im Wappenschild sind noch eine Grubenlampe und ein Zahnrad enthalten – Hinweise auf die von Stumm'schen Bergwerke und stahlverarbeitenden Betriebe im Saarland.

Wie das Etikett, so lieben viele Weinkenner die wildkräuterige Note des Abtbergs, dieses speziellen blauen Devonschiefers. Wer länger in den »Alte Reben« hineinriecht, erschnuppert auch Ananas und Passionsfrucht. Der Wein ist unglaublich schlank, tänzelt wie eine Ballerina und ist tief wie ein Brunnen. Wow! Für echte Cracks – und solche, die es werden wollen. Ob Mitglied des Königshauses oder nicht.

Weingut Maximin Grünhaus – Schlosskellerei C. von Schubert | Hauptstraße 1 | 54318 Mertesdorf | Tel. 0651/5111 | www.vonSchubert.de | info@vonschubert.de

Alte Reben trocken

Maximin **Grünhäuser** Abtsberg

Kellerabzug der C. von Schubert'schen vormals
Freiherrlich von Stumm-Halberg'schen
SCHLOSSKELLEREI.

0.75l   76

42 Der Terroirist

Riesling »Schieferterrassen« •••

Reinhard Löwenstein aus Winningen ist einer der großen Denker in Deutschlands Weinlandschaft, ein überzeugter Linker, der keinem Streit aus dem Weg geht – und Bücher schreibt. Sein Thema ist das »Terroir«, ein Begriff aus dem Französischen, der sich nur schwer ins Deutsche übersetzen lässt. Er bezeichnet nicht nur den Boden, auf dem Wein wächst, und seine Ausrichtung sowie das spezielle Kleinklima, sondern auch die Kultur des Weinbaus vor Ort wie auch den Ansatz des Winzers. Und das Zusammenspiel all dieser Faktoren. Es ist halt ein französischer Begriff, und er hat etwas sympathisch Ungenaues. Im deutschen Weinbau ist er schnell sinnentleert zum Marketingbegriff geworden. Reinhard Löwenstein versucht, das wieder geradezurücken. Außerdem setzt er sich für den Roten Weinbergpfirsich ein, und seiner Initiative ist es zu verdanken, dass die Untermosel heute den deutlich attraktiveren Namen Terrassenmosel trägt. Er ist ein Macher, der seine Ideen umsetzt. Auch seine Idee eines eigenständigen Moselweins, einem, der auf Kraft und Fülle setzt statt auf filigrane Frische, einem, dem Vorgaben davon, wie viel Restzucker ein Wein in einer Geschmackskategorie (trocken, halbtrocken und so weiter) haben darf, völlig egal sind, weil es ihm nur um die Harmonie des Weins geht und darum, das besondere Terroir in ihm abzubilden. Also alle Scheuklappen ablegen beim Genuss eines Heymann-Löwenstein-Weins. Löwenstein selbst sagt, beim »Schieferterrassen« kokettiere reife Frucht (Steinobst, Apfel, Grapefruit) mit subtilem Schiefer. Dazu kommen Blüten und eine feste, pikante Mineralik am Gaumen. Ein Wein-Blogger hielt fest: »Löwenstein fängt mit seinem einfachsten Riesling da an, wo andere aufhören«.

Kein Wein für einen One-Night-Stand, sondern für eine lange Beziehung.

Löwensteins Weine haben ihren Preis, vielleicht auch, weil er sich am Weinmarkt vor 100 Jahren in der »Belle Époque« orientiert. Damals kostete ein Latour 3 Mark, ein d'Yquem 4 Mark – und ein Winninger Uhlen 5 Mark. Lang, lang ist's her.

Weingut Heymann-Löwenstein | Bahnhofstraße 10 | 56333 Winningen | Tel. 02606/1919 | www.heymann-loewenstein.de | weingut@heymann-loewenstein.com

43 Mosel-Pirat

Piesporter Goldtröpfchen »Philipp« Kabinett fruchtsüß ᵔ

Deutsche Spitzenwinzer, die in anderen Ländern Weine produzieren? Klar, kennt man. Internationale Spitzenwinzer, die in Deutschland tätig werden? Nahezu Fehlanzeige. Umso sensationeller, wenn sie es tun. Wie Dirk van der Niepoort, Starwinzer aus dem traumhaft schönen Douro-Tal in Portugal. Verliebt hat er sich in die Mosel, die an Steilheit seiner Heimat ähnelt. Und in den Riesling.

Drei Weine macht er an der Mosel, zusammen mit dem jungen Philipp Kettern, einem Winzer der schon mal mit schwarzem Piratentuch posiert, welches auch einige seiner Weine ziert. So wild sind diese aber gar nicht, sondern ganz im Gegenteil klassische Moselweine mit brillanter Frucht (und der für Piesporter Lagen typischen Üppigkeit) und schlankem Körper. Viele vermuteten einen PR-Gag hinter dieser Kooperation, doch Kettern und Niepoort verbindet tatsächlich eine Freundschaft.

Ihre gemeinsame Weinlinie heißt »Philipp«, und sie ziert ein an Heinrich Hoffmanns Zappelphilipp erinnerndes Etikett. Der beste der Drei stammt aus der berühmten Piesporter Lage Goldtröpfchen und ist nicht zaghaft in der Restsüße. Im Bouquet bietet der Kabinett herrlichen roten Apfel. Zugegeben: Man zahlt für den Namen Niepoort ein bisschen mehr. Aber einen besseren portugiesischen Wein von der Mosel gibt es einfach nicht.

Das Logo des Weingutes sieht passenderweise aus wie ein Piratenemblem – dabei hat es damit überhaupt nichts zu tun. Philipp Kettern fand in einer Weinbergsmauer einen mehrere hundert Jahre alten Gedenkstein mit ebendiesen Symbolen. Er machte sich seinen eigenen Reim darauf. Das Kreuz steht für den Glauben an die Renaissance des Rieslings, das Herz für die Liebe zur knallharten Arbeit in den Steillagen und der Anker für die Hoffnung, dass sich das unternehmerische Risiko auszahlen wird.

Die Erbauer haben sich sicherlich anderes gedacht – aber Hauptsache, der Wein schmeckt so gut!

Weingut Lothar Kettern | Müsterter Straße 14 | 54498 Piesport | Tel. 06507/2813 | www.kettern-riesling.de | info@kettern-riesling.de

44 Von Kalifornien nach Klüsserath

Weißburgunder trocken Barrique •••

Als Bernhard Kirsten das elterliche Weingut 1992 übernahm, lag es zwar idyllisch mitten in den steilen Weinbergen der Mosel, doch was die Rebfläche betraf, war es winzig. Nur einige Parzellen in Klüsserath wurden bewirtschaftet. Heute ist es über 15 Hektar groß – für Moselverhältnisse ein Riese – mit Weinbergen in Klüsserath, Pölich, Mehring, Longuich und Köwerich. Noch ungewöhnlicher ist das Rebsortenportfolio: Riesling, Weißburgunder, Sauvignon Blanc und Pinot Noir.

In jungen Jahren lebte Kirsten in Kalifornien, das öffnete den Horizont, ließ den Ökowinzer abseits traditioneller Bahnen denken. Doch auch in diesen kann Kirsten sich bewegen, wenn er will. So finden sich in seinem Portfolio strahlende Moselrieslinge, die ungemein dicht ausfallen, mit hedonistischer Fülle und Schmelz. Dank ihrer späten Füllung sind sie zudem äußerst langlebig.

Aber es gibt eben auch exotische Spezialitäten.

Zu diesen zählt sein herrlich klarer Spitzenweißburgunder, den er feinfühlig im Barrique ausbaut (sowohl in neuen als auch in gebrauchten Fässern), worin der Wein nicht nur lagert, sondern auch vergoren wurde – was eine ganz besonders harmonisch integrierte Holzprägung in der Struktur dieses Weines ergibt. Die Trauben wachsen auf grauem Devonschiefer und werden von Hand selektiert. Kirstens erklärtes Ziel ist ein vollaromatischer, weicher Weißburgunder mit einer zarten Holznote, der als Essensbegleiter perfekt funktioniert.

Eine Besonderheit ist der halbtrockene Riesling »1904« von einem Weinberg in Longuich mit wurzelechten Rebstöcken, die in dieser Zeit gepflanzt wurden – der Wingert trägt auch den Namen »Die Dicke Kuh«.

Ebenfalls ungewöhnlich: der Heldensekt. Grundwein für diesen ist nämlich eine Riesling Auslese aus dem Pölicher Held. Und wenn es ein Sauvignon Blanc von der Mosel sein soll, dann findet sich kaum ein besserer als der von Bernhard Kirsten.

Weingut Kirsten | Krainstraße 5 | 54340 Klüsserath | Tel. 06507/99115 | www.weingut-kirsten.de | mail@weingut-kirsten.de

45 Riesling für Fortgeschrittene?

Ayler Kupp »Kern« Alte Reben Riesling feinherb •••

»Riesling für Fortgeschrittene« ist der Slogan des Guts. Das klingt, als könnte man die Weine des Hauses erst nach einem zweiwöchigen Seminar genießen (und tatsächlich bietet das Weingut auch Riesling-Seminare an). Doch nichts ist falscher als das. Das Team Peter Lauer (Vater) und Florian (Sohn) schafft Rieslinge, die den Genießer überwältigen, weil sie so bezaubernd, so filigran, so strahlend sind. Ihre Weine vibrieren förmlich auf der Zunge, sind im ganz klassischen Sinne lecker, bieten zudem die Tiefe und Intensität der Saarweine – und schaffen damit etwas, was keine andere Weinregion der ganzen Welt besser kann. So viel Intensität bei so wenig Alkohol, so viel Leichtigkeit bei so viel Restzucker, das geht nur in Deutschland.

Florian Lauer – mit dem der Aufstieg des Weinguts begann – weiß dies sicher nicht erst seit seinem Studium. Als einer der wenigen deutschen Spitzenwinzer lernte er sein Handwerk nicht im Land, sondern an der Ecole Nationale im französischen Montpellier.

Der nach Maracuja und Apfel duftende »Kern« ist in jedem Jahr einer der besten halbtrockenen/feinherben Weine Deutschlands, wobei der Name das Kernstück der Lage Ayler Kupp bezeichnet – er stammt vom Tabakfabrikanten Kern aus Saarlouis, der hier zur Jahrhundertwende Besitz hatte. Die Rebstöcke sind rund 70 Jahre alt. Bei den Lauers zählt dieses Stück ihres Besitzes als eine der »besten Parzellen«. Die Weinberge werden biologisch bewirtschaftet, die Weine mit wilden Hefen vergoren, in großen Holzfässern ausgebaut und lange auf der Hefe gelassen, was ihnen eine Cremigkeit verleiht, die herrlich zur rassigen Saar-Säure passt.

Einige Weine tragen Ziffern, welche die Nummer ihres Fuderfasses bezeichnen. Denn in jedem reift der Wein ein wenig anders heran, jedes Fass ist und bleibt ein Mysterium, doch große Winzer wissen diese Eigenheiten für ihre Weine zu nutzen. Winzer wie die Lauers, zu deren Betrieb auch ein Hotel-Restaurant gehört, wo die Weine natürlich auch genossen werden können.

Weingut Peter Lauer | Trierstraße 49 | 54441 Ayl | Tel. 06581/3031 | www.lauer-ayl.de | info@saarriesling.de

saar

lage: AYLER KUPP

gutsabfüllung weingut peter lauer . d 54441 ayl . www.saar-riesling.de
qualitätswein . a.p.nr. 3501074/09/15 . enthält sulfite . product of germany

alc 9,5 % vol   Ⓕ   mosel 750 ml

46 Thorsten hat Zeit

Riesling trocken »Lentum« ••

Thorsten Melsheimer hat Zeit. Ganz, ganz viel Zeit. Man könnte sagen, der Ökowinzer aus Reil hat die Ruhe weg. Er ist ein Meister der langen Gärung.

2011, einem Jahr, das am 26. August Hagelkörner bis 800 Gramm Gewicht bescherte, kelterte Melsheimer einen Wein, der gärte … und gärte … und gärte … und immer noch gärte. Bis er schließlich einen Punkt mit passendem Alkohol erreichte, waren sagenhafte 34 Monate vergangen. Der langsamste Wein, den er je im Keller hatte. Andere Winzer hätten ihn durch Zugabe von potenten Reinzuchthefen zum schnellen Durchgären gebracht. Aber Melsheimer hat, ja, genau, Zeit. Er vertraute darauf, dass der Wein seine innere Harmonie finden, seinen eigenen Weg in seinem eigenen Tempo gehen würde – so wie es seine Natur ist. Und genau das tat er auch. Es ist Riesling. Bei Melsheimer muss man sagen: Natürlich ist es Riesling. Denn er hat keine anderen Rebsorten. 100 Prozent bestockt damit. Konzentration auf das Wesentliche. Erzeugt wird Riesling hier aber in allen Stilarten, vom Kabinett bis zu Trockenbeerenauslesen und Eisweinen werden alle Prädikate bedient, von trocken bis edelsüß reicht der Geschmackskorridor, und Sekt beherrscht Melsheimer auch noch. Ausgebaut wird das nahezu alles im großen 1.000-Liter-Fuderfass. Wie es an der Mosel Tradition hat.

Aber zurück zum »Lentum«. So ein extremer Langgärer schmeckt natürlich anders als ein frischer, junger Bursche. Cremig ist er, »geradezu seidiger Trinkfluss« sagt Melsheimer und hat Recht. Dazu kommen Sherry-Aromen, aber auch Honig, Heu, Nussgebäck. Apfel ja, aber kein frisch geernteter, sondern ein gebratener.

Der 2011er ist leider längst ausverkauft. Aber er soll nicht der einzige »Lentum« bleiben. Also: Augen offenhalten. Und zum Beispiel einen »Molun« trinken, das trockene Aushängeschild. Oder den »Vade Retro« ein »Vin Naturel«. Und lassen Sie sich beim Trinken, genau, viel Zeit!

Weingut Melsheimer | Dorfstraße 21 | 56861 Reil | Tel. 06542/2422 |
www.melsheimer-riesling.de | mail@melsheimer-riesling.de

47 Günther Jauch tanzt

Riesling Kanzemer Altenberg Kabinett fruchtsüß ••

Dieses Weingut hat einen ehrwürdigen Namen, doch heute benutzen viele einen ganz anderen, wenn sie über es sprechen: »Das ist dem Jauch sein Weingut.« Und Günther Jauch, der mit Wein früher nichts am Hut hatte, ist tatsächlich Winzer und nicht nur Weingutsbesitzer – auch wenn er sich selbst bescheiden so sieht.

Es ist eine Herzensangelegenheit.

2010 übernahmen er und seine Frau Thea das Weingut. Jauchs Großmutter war eine geborene von Othegraven, es befindet sich seit 1805 in Familienbesitz. Als Kind war Günther Jauch oft in Kanzem bei Onkel Max und Tante Maria zu Gast. Nun führen er und seine Frau es in der siebten Generation.

Man darf natürlich nicht erwarten, Jauch in den Weinbergen herumkraxeln zu sehen. Er lebt in Potsdam, arbeitet viel in Berlin, doch immer mal wieder schaut er an der Saar nach dem Rechten und wohnt im denkmalgeschützten Herrenhaus. Bei Kellermeister Andreas Barth (der selbst das Weingut Lubentiushof besitzt) weiß er seine Weine allerdings auch in guten Händen.

100 Prozent Riesling werden angebaut. Der fruchtsüße Riesling Kabinett zählt alljährlich zu den besten seiner Art in Deutschland. Er bietet kristallklare Zitrus- und Pfirsich-Aromen, pikante Schieferwürze, ist ungemein saftig und schafft es, eine herzhafte Restsüße mit der geschliffenen Saarsäure in eine perfekte Balance zu bringen. Ein fruchtsüßer Kabinett, der ungemeinen Trinkfluss besitzt und über die Zunge tänzelt wie eine Primaballerina.

Er stammt vom Kanzemer Altenberg, der sich direkt hinter dem Weingut erhebt. Eine wirklich beeindruckende Steillage, Devonschiefer mit Eisenoxid, das den Boden rötlich schimmern lässt, bildet den Untergrund der alten Riesling-Reben. Wer Jauchs Weine trinkt, wird sicher nicht gleich Millionär, aber er gewinnt doch eine herrliche Riesling-Erfahrung, wie sie so nur die Saar – »Die kühle Schwester der Mosel« – bieten kann.

Weingut von Othegraven | Weinstraße 1 | 54441 Kanzem | Tel. 06501/150042 | www.von-othegraven.de | info@von-othegraven.de

48___Der Mosel-Barbarossa
Spätburgunder trocken Barrique •••

Mosel und Spätburgunder, das ist so eine Sache. Obwohl einige Winzer wie Molitor und Stein beweisen, wie gut die Rebe hierher passt, sind die meisten Rotweine leider nur der Farbe nach solche. Dabei bieten die Schieferböden ähnliche Voraussetzungen wie an der Ahr, die mit ihren Qualitäten für Furore sorgte. Der ebenso bärtige wie rothaarige Axel Pauly (Mitglied bei »Moseljünger« und »Generation Riesling«) ist einer der jungen Winzer, die Erstaunliches auf die Flasche füllen – und das auch noch zum kleinen Preis. Der Spätburgunder ist das Steckenpferd von Jungwinzer Pauly. In seinen Lehr- und Wanderjahren im Ausland hat er viele Erfahrungen mit der Rebe sammeln können, jetzt wendet er all das im heimischen Lieser an. Nach seiner Ausbildung in der Pfalz und im Rheingau war Pauly unter anderem in Neuseeland, Kalifornien, Frankreich und im deutschen Weinland unterwegs.

So kraftvoll und rustikal Pauly selbst wirkt, so fein und elegant sind seine Weine. So achtet er darauf, dass der Einfluss der Barrique-Fässer nur sehr dezent und der Alkohol nicht zu hoch ist. Dadurch kommen die Fruchtaromen seiner Weine – vor allem Sauerkirsche, Cassis und rote Beeren – klarer zur Geltung. Der Keller der Familie ist kühl, die Weine gären langsam und fein.

Viel Trinkfluss bieten Paulys Rotweine, sie sind präzise und machen, das ist ihm wichtig, einfach Spaß. Er keltert übrigens auch Frühburgunder aus einer Spitzenlage und einen richtig seriösen Dornfelder, wie man ihn nur selten findet.

Die Flaschen von Axel Pauly sollte man übrigens unbedingt mal schief von der Seite angucken. Sie nehmen das nicht übel. Ganz im Gegenteil. Sie belohnen mit einer optischen Täuschung, die von Design-Studenten aus Schweden entworfen wurde, wo Pauly ein Praktikum absolvierte. Das Etikett zeigt eine stilisierte Mosellandschaft, dreht man sie um 90 Grad werden die Profile dreier Männer aus drei Winzergenerationen sichtbar: Großvater, Vater und Sohn.

Weingut Pauly | Hochstraße 80 | 54470 Lieser | Tel. 06531/6143 | www.wein-pauly.de | info@wein-pauly.de

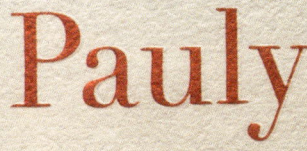

Pauly

Spätburgunder

unfiltriert

49 Prümscher Ton inkl.

Wehlener Sonnenuhr Riesling Kabinett fruchtsüß •••

Kein anderes deutsches Weingut ist so geheimnisumrankt wie Joh. Jos. Prüm – oder J. J. (gesprochen Jay-Jay), wie Fans es vertraulich nennen. Winzerlegende Dr. Manfred und seine Tochter Dr. Katharina Prüm (sie studierte Jura in Münster) lassen nämlich niemanden in ihren Weinkeller, und auch Aussagen zur Vinifizierung sind ihnen nur schwer zu entlocken. Die Weine mögen für sich sprechen.

Und das tun sie auch.

Auf ihre ganz eigene Art. Doch so recht beschreiben kann diese niemand. Für die Aromatik hat sich der Begriff »Prümscher Ton« eingebürgert, dahinter stecken Noten von Schiefer, von Spontangärung und Hefewürzigkeit. Die Weine haben bei Füllung immer noch etwas natürliche Kohlensäure, und so erscheint es, als könnten die Prüms Frische auf Flaschen ziehen – um ihnen ein langes Leben zu bescheren. Prüm-Weine haben auf der Flasche richtige Phasen, mal schlafen sie, mal sind sie hellwach, wie viele große Weine. Deshalb sollte man sie auch dekantieren, egal, in welchem Alter. Der Kabinett von der Kult-Lage Wehlener Sonnenuhr ist so diamantklar, dass man trinkt und trinkt und glücklich ist. Und diese Wehlener Sonnenuhr ist wirklich Sonnenuhr. 1954 wurde die zunächst acht Hektar große Lage auf 40 Hektar verfünffacht – dieser Wein ist aus einem Spitzenteil. So gehört es sich auch für die Familie, schließlich war es Jodocus Prüm, der die tatsächliche Sonnenuhr im Jahr 1842 errichtete. Zu Beginn diente sie wirklich nur zur Zeitanzeige in der Lage Lammerterlay – die um die Jahrhundertwende dann in Sonnenuhr umbenannt wurde. Und sie funktioniert heute noch und verrichtet weiter ihren Dienst.

Die Prüms auch. Kaum ein Mosel-Weingut ist so lange dem Stil treu geblieben und hat sich um keine Moden und Trends gekümmert. Deshalb können wir noch heute Weine des reinen Riesling-Guts genießen, die unfassbar gut altern und dabei frisch und elegant bleiben. Selbst die kleinsten Weine des Betriebs aus schwachen Jahren. Das ist wirkliche Größe.

Weingut Joh. Jos. Prüm | Uferallee 19 | 54470 Wehlen/Mosel | Tel. 06531/3091 | www.jjpruem.com | info@jjpruem.com

50 Die Kirche irrt nicht

Graacher Domprobst Riesling Spätlese fruchtsüß ••••

Wie Joh. Jos. Prüm, die Gutsverwaltung von Schubert und das Weingut Egon Müller – Scharzhof ist Willi Schäfer einer der großen Traditionalisten der Mosel. Nur Steillagen, nur Riesling, Ausbau in großen Holzfudern, eine Stilistik fern jedem Trend. Was sich auch am Etikett zeigt, das manchen an Supermarkt-Tropfen für 1,99 Euro erinnern mag. In Weinkennerkreisen ist es dagegen Kult. Willi Schäfer ist von all diesen wohl der Unbekannteste, was an seiner bescheidenen und ruhigen Art liegen könnte. An den Weinen liegt es sicher nicht.

Die Unterschiede zwischen den bedeutenden Traditionalisten der Mosel liegen vor allem in den Lagen begründet. Graach hat dabei die katholischsten Namen. Nirgendwo finden sich so viele kirchliche Lagennamen: Himmelreich, Domprobst und Abtsberg. Graach war eine der größten mittelalterlichen Weinbaugemeinden des kurtrierischen Kirchenstaates. In der preußischen Klassifizierung der Moselweinberge (1816–1832) wurden die Weinberge der Gemeinde höher bewertet als die jeder anderen Gemeinde der Region Mosel.

Seit 1590 wird Weinbau in der Familie Schäfer betrieben, heute hält neben Willi Schäfer auch sein Sohn Christopher das Ruder des 3,5 Hektar großen Weinguts in der Hand. Die Graacher Lagen sind durch die Häuser des Ortes und Uferwiesen von der Mosel getrennt – was bedeutenden Einfluss auf die lokale Thermik hat. Tiefgrau sind die Schieferschichten des steilen Domprobsts, darunter sorgt eine Lehm-Terrasse für eine gute Wasserführung, sodass die Rebstöcke auch in heißen Jahren wenig Probleme mit Trockenstress haben.

Sie sind fruchtbetonter, ja üppiger als die der Konkurrenz. Die der fruchtsüßen Graacher Domprobst Spätlese entströmenden Steinobst-Aromen sind köstlich und setzen sich am Gaumen fort, wobei die Schäfers diese Großzügigkeit der Natur verspielt und frisch erscheinen lassen. Auch die Süße der Weine fällt gönnerhaft aus, doch dank der hier einmal wirklich schmeckbaren, würzigen Mineralität und einer erfrischenden Säure wirkt sie stets charmant. Großes Kino.

Weingut Willi Schäfer | Hauptstraße 130 | 54470 Graach | Tel. 06531/8041 | www.weingut-willi-schaefer.de | weingut-willi-schaefer@t-online.de

51 Sprung ins kalte Wasser

Riesling »Scivaro« trocken •

Dr. Jochen Siemens ist nicht nur einer der ungewöhnlichsten, sondern auch einer der gebildetsten Quereinsteiger im deutschen Weinbau (und ein äußerst angenehmer Zeitgenosse noch dazu). Er war Korrespondent im In- und Ausland (USA), bevor er 1992 in die Chefredaktion der Frankfurter Rundschau eintrat und 2000 schließlich deren Chefredakteur wurde. Danach übernahm er die Chefredaktion des deutschen Weinmagazins »Alles über Wein« – und schlussendlich 2006 das Weingut Bert Simon – Herrenberg an der Saar. Von der Theorie zur Praxis. Statt drüber schreiben selbst machen. Mittendrin statt nur dabei.

Und was für ein Weingut er und seine aus Chicago stammende Frau Dr. Karen Siemens sich aussuchten! Ein traumhaftes Anwesen mit wunderbarer Lage und Blick auf die Saar. Hier wohnen sie nun auch mit ihren Söhnen Zappa und Cosmo.

Dass dieses Weingut aus und mit Leidenschaft geführt wird, merkt man den Weinen an. Als Erstes modernisierte das Ehepaar Siemens den Betrieb und brachte Kelterhaus und Keller auf Vordermann. Zwei Geschosse tief ist dieser, wobei das untere nahezu zehn Meter unter der Erde liegt, das ganze Jahr über herrscht hier eine stabile Temperatur von zehn Grad.

Auf dem Rückenetikett des »Scivaro« wird der ungewöhnliche Name erklärt: Scivaro ist althochdeutsch für Schiefer, blättrig spaltendes Tonsedimentgestein. Der Wein trägt seinen Namen zu Recht, denn die Schieferaromatik ist bestimmend bei diesem Tropfen. Schnuppern Sie nach dem Trinken ins leere Glas – der Schiefer ist immer noch da. Der Wein ist kühl am leckersten, mit einer herrlichen Süße, die so gut zur rassigklaren Saar-Aromatik passt. Der Wein ist wie ein Sprung in die kühle Saar an einem warmen Sommermorgen. Kein Wunder, dass dies der Hauswein der Familie Siemens ist. Obwohl sie sicher auch gern zu ihren Burgundern greifen, die man so selten an der Mosel und ihren Nebenflüssen findet – vor allem in dieser Qualität. Weiß-, Grau- und Spätburgunder sowie Auxerrois stehen im Ertrag. Die Mengen sind gering, und in diesem Fall gilt fraglos: klein, aber fein.

Weingut Dr. Siemens | Römerstraße 63 | 54455 Serrig | Tel. 06581/9200992 | www.dr-siemens.de | weingut@dr-siemens.de

52 Denk ich an Bordeaux …

Cabernet & Merlot trocken •••

Ulli Stein – eigentlich Dr. Ulrich Stein – ist einer der innovativsten Winzer der Mosel, und andererseits ist er Traditionalist. Bei ihm, der das Familienweingut mit seinem Bruder Peter führt, geht dies problemlos zusammen. Traditionell sind seine Rieslinge, die Jahr um Jahr beweisen, zu welch komplexen Aromen leichte Weine mit knackiger Moselsäure fähig sind (zum Beispiel sein Gutswein »Der Traubenflüsterer«). Auch seine berühmteste Neuerung ist eigentlich Traditionspflege: sein Strohwein, pardon, Striehween (diesen Begriff hat er sich schützen lassen) aus eingetrockneten Trauben – dessen Erzeugung er sich vor Gericht erstreiten musste, obwohl diese Spielart an der Mosel eine lange Geschichte hat. Der Tropfen ist ein wahres Elixier.

Und doch möchte ich hier einen anderen Wein vorstellen: das Rotwein-Cuvée aus den Bordeaux-Rebsorten Cabernet Sauvignon und Merlot. Denn dass solch ein Wein an der Mosel gelingen könnte, glaubt einem erst mal keiner. Doch Ulli Stein ist ein Pionier der moselanischen Rotwein-Renaissance. Er war einer der Ersten, die Spitzenspätburgunder kelterten – und sein Bordeaux-Cuvée ist etwas für alle, die der Zeit nachtrauern, in denen die Weine des berühmten französischen Anbaugebiets noch keine muskulösen Frucht- und Alkoholbomben waren. Bei diesem Wein sollte es verboten sein, ihn jung zu trinken, denn erst nach einigen Jahren Flaschenreife öffnet er sich wirklich – wie man es früher auch von Bordeaux kannte. Der Duft von Wildkräutern, Ginster und Minze ist neben roten Beerenaromen zu erschnuppern. Ein Wein für wehmütige Cabernet-Fans, denen beim Genuss des lange im Barrique gereiften Weines vielleicht sogar ein Freudenträchen kommt … Dieser Wein ist eine unglaublich erfreuliche Überraschung. Sein Etikett ziert eine Zeichnung von F. W. Bernstein, wie auch viele andere Etiketten Bilder berühmter Zeitgenossen aufweisen: Robert Gernhardt, Loriot und Wolfgang Niedecken zählen zu den Künstlern. Es zeigt, wie wichtig Ulli Stein die Kultur ist. Kein Wunder bei einer Frau, die zu den gefragtesten Kabarettistinnen des Landes zählt (und zudem eine wundervolle Sängerin ist): Ruth Schiffer.

Weinhof Stein | Auf Tannerd | 56859 Alf/Mosel | Tel. 06542/2608 | www.stein-weine.de | ulrich.stein@weine.de

Stein

Cabernet Sauvingon
und Merlot
trocken

Qualitätswein b. A.
Erzeugerabfüllung
A.P.Nr. 1686128 20 09
Weingut Stein
54483 Stadt/Mosel
Product of Germany

75cl

13.0%vol.

Mosel

53 Eine große, trockene Eule

Enkircher Zeppwingert »Große Eule« Riesling trocken •••

Anfang Mai 2005 klingelte im neuseeländischen Gisborne das Telefon. Konstantin Weiser ging dran, ohne sich auch nur das Geringste zu denken. Doch sein Leben sollte in diesem Moment auf den Kopf gestellt werden. Am Apparat war seine Freundin Alexandra Künstler, und sie war begeistert: »Da stehen 1,8 Hektar Weinberge in der Enkircher Ellergrub zum Verkauf. Mit vielen Mauern drin und irre steil, die Herzparzelle!« Zurück am Flughafen in Deutschland, holte sie ihn ab, und es ging direkt in den sagenhaften Weinberg. Die nicht flurbereinigte Parzelle in der Ellergrub ist prächtig, weist seltenen blauen Devonschiefer in großer Reinheit auf, ist aber auch so steil, dass ein großes Maß Idealismus, wenn nicht gar Masochismus, zur Bewirtschaftung nötig ist. Wie Bruchschokolade schieben sich einige der Felsformationen noch stärker der Sonne entgegen.

Dass Alexandra Künstler und Konstantin Weiser ein eigenes Weingut gründen würden, war Jahre vorher nicht einmal ansatzweise zu erwarten. Sie arbeitete im sozialen Management, und er machte eine Lehre als Bankkaufmann – beide lebten weit von der Ellergrub entfernt und kannten sich nicht. Doch Konstantin Weiser hielt es nicht lange als Banker aus, nach drei Monaten war Schluss.

Die »Große Eule« des Guts ist einer der großartigsten trockenen Rieslinge der Mosel. Er stammt aus dem Enkircher Zeppwingert, der rund 500 Meter flussabwärts der Ellergrub liegt und ebenfalls mit wurzelechten Reben bestockt ist, die Böden sind tiefgründig mit fein verwittertem blauem Schiefer. Das Winzerehepaar findet, dass die Aromatik an die vielen gelben Wildblumen in diesem Weinberg erinnert. Noch wichtiger ist, wie viel Stoff dieser Wein hat. Körper, Körper und noch mal Körper, wie man es von Moselweinen nicht kennt, eine erdige, urwüchsige Kraft verbunden mit einer verspielt-leckeren Moselfrucht. Der nussige Nachhall bleibt ewig lang, ein steinerner Riese.

Das Weingut ist übrigens auch Mitglied im »Klitzekleinen Ring« – der knuffigsten Winzervereinigung an der Mosel, die sich für den Erhalt bedrohter Steillagen einsetzt.

Weingut Weiser-Künstler | Wilhelmstraße 11 | 56841 Traben-Trarbach | Tel. 06541/819943 | www.weiser-kuenstler.de | weingut@weiser-kuenstler.de

ZEPPWINGERT

· GE ·

WEISER-KÜNSTLER

Nahe

Die Nahe ist ein Nebenfluss des Rheins, der bei Bingen in den Hauptstrom mündet. Zentrum des Weinbaugebiets ist Bad Kreuznach. 4.200 Hektar sind mit Weinbergen bestockt.

Heute mutet es wie ein Märchen aus uralten Zeiten an, dass die Tropfen dieser heute zu Recht so selbstbewussten Region zu Beginn des letzten Jahrhunderts noch als »Rheinweine« verkauft wurden. In einer staatlichen Verfügung aus den 1930er Jahren kam die Nahe erstmals als eigene Weinbauregion vor. Die heutigen Grenzen des Weinbaugebietes wurden mit dem Weingesetz von 1971 festgelegt. Wenig Zeit, um sich einen Namen zu machen – umso bemerkenswerter, dass es geschafft wurde.

Ein weiterer – allerdings gut gemeinter – Fehler fand sich lange in den Broschüren der Weinwerbung: der Slogan vom »Probierstübchen der deutschen Weinlande«. Damit war die Vielgestaltigkeit der Bodentypen an der Nahe gemeint: Zwischen Monzingen und Traisen findet man vorwiegend Porphyr, Melaphyr und Buntsandstein, rund um Bad Kreuznach eher Löss und Lehm und an der unteren Nahe Ton-, Quarzit- und Schieferböden. Heute ist belegt: Das Weinbaugebiet Nahe hat deutschlandweit die größte Bodenvielfalt und die engräumigsten Wechsel vorzuweisen. Mehr als 180 Bodenvarianten werden vermutet.

Leider veränderte sich der positive Wesensinhalt des »Probierstübchens« durch die Flut neuer Rebsorten, die auch die Weinberge an der Nahe ab den 1960er Jahren überschwemmte. Mittlerweile hat sich der Riesling mit 25 Prozent wieder an die Spitze der Qualitätsentwicklung gesetzt. Von ihm stammen zwar die mit Abstand meisten der großen Kreszenzen, doch haben die Nahewinzer längst bewiesen, dass auch bei Rotwein und Burgundern mit ihnen zu rechnen ist.

54 Für Blumenfreunde

Gewürztraminer Sekt halbtrocken •

Ist das eine tolle, intensive Rosigkeit – und sie erblüht jedes Mal bei Flaschenöffnung!

Es ist ein herrlich schwerer Rosenduft, der dem Glas entspringt, so als würden die feinen Sekt-Bläschen ihn emportragen. Gewürztraminer bedeutet Rosenduft, Würze, wenig Säure und häufig auch eine gewisse edelbittere Schwere. Ausbalanciert werden kann diese mit Süße und Spritzigkeit – Heiko Bamberger nutzt beides. Mit diesem unfassbaren Sekt schafft er es, eine Rubens-Schönheit auf Zehenspitzen im Rosenhain tanzen zu lassen.

In seiner barocken Fülle und Kraft erinnert der Sekt an das Elsass, für viele das gelobte Land des Gewürztraminers, nirgendwo stehen mehr Rebstöcke der Sorte. Aber selbst dort würde Bambergers Sekt für Aufsehen sorgen. Denn er beherrscht das Spiel mit dem Schaumwein perfekt und gehört zu den wenigen deutschen Winzern, die auch in diesem Bereich verlässlich Spitzenqualitäten produzieren. Sein halbtrockener Gewürztraminer ist ein Sekt für lange Winterabende, denn er wärmt und verbreitet ein wohliges Gefühl – ohne schläfrig zu machen und begeistert nicht nur Rosenliebhaber.

Seine anderen Weine und Sekte sind allerdings bei Weitem nicht so überbordend wie dieser Tropfen. Ganz im Gegenteil sind Bamberger-Weine ausgesprochen elegant und feinfruchtig, was typisch ist für die westliche Nahe. In einer der Kultlagen dieser Gegend hat Heiko Bamberger auch Besitz: im Monzinger Frühlingsplätzchen. Und auch an der Mittleren Nahe im Schlossböckelheimer Königsfels, wo die Weine in der Regel mehr Würze und Kernigkeit aufweisen, stehen Rebstöcke von ihm.

Obwohl die Qualität von Heiko Bambergers Weinen in den letzten Jahren immer noch ein bisschen besser wurde, blieben die Preise auf dem Boden. Sein »S« genannter Spitzensekt vom Riesling liegt unter 20 Euro, und selbst Eisweine sind hier für Normalsterbliche noch erschwinglich. Also: auf nach Meddersheim und Kofferraum vollladen!

Wein- & Sektgut Bamberger | Römerstraße 10 | 55566 Meddersheim | Tel. 06751/2624 | www.weingut-bamberger.de | kontakt@weingut-bamberger.de

Klassische Flaschengärung

bamberger

Nahe

Gewürztraminer
Halbtrocken
Winzersekt

Sekt b. A.

55 Ein Liter Gemischtes

»Von den 13 Morgen« Literwein trocken •

Für den Traiser Rotenfels ist spektakulär noch untertrieben. Mit 202 Metern Wandhöhe ragt er auf einer Länge von 1,2 Kilometern über der Nahe auf – und ist damit die höchste Steilwand nördlich der Alpen. Dr. Peter Crusius' Reben stehen hier, in den Lagen Traiser Bastei und Rotenfels. Und wer will, kann in seinen Weinen die atemberaubende, ungezähmte Natur spüren. Sie wirken wie Rohdiamanten, die direkt aus dem harten Fels geschlagen wurden.

Auch das Weißwein-Cuvée »Von den 13 Morgen« stammt aus Traisener Lagen mit sandigem oder steinig-grusigem Lehm. Es ist die moderne Interpretation deutscher Weinbaugeschichte. Die Rebsorten Weißburgunder, Auxerrois, Riesling und Müller-Thurgau stehen hier zu gleichen Teilen seit über zwanzig Jahren im Gemischten Satz. Sie werden über das Jahr gemeinsam bearbeitet, aber nicht wie üblich (siehe Seite 80) gemeinsam geerntet und vergoren, sondern je nach Reifezeitpunkt der einzelnen Rebsorte per Hand gelesen. Nach der Vinifizierung werden sie dann wieder vereint. Ziel ist ein idealer Zechwein, ein Literwein mit Qualität.

Und genau das gelingt Peter Crusius auch. Der »Von den 13 Morgen« ist zupackend-rustikal, saftig, mit leckerer Fruchtsüße und herzhaftem Kern. Ein lustiger Bauer mit roter Nase und festem Handgriff. Passt super zur herzhaften Brotzeit, zu Schinken, Vollkornbrot und reifem Käse. Und: jung trinken, dann schmeckt er am besten.

Der Senior des Hauses, Hans Crusius, kennt den Gemischten Satz noch aus seiner Jugendzeit, sein Sohn hat ihn mit seinem »Von den 13 Morgen« in die Zukunft transportiert. Ein Morgen ist übrigens ein altes Flächenmaß. Es gab die Fläche an, die an einem Tag mit Pferden oder Ochsen pflügbar war. Später wurde dann festgelegt, dass ein Morgen einem Viertelhektar entspricht. Sprich: 13 Morgen = 3 ¼ Hektar. Insgesamt besitzt das Weingut 17 Hektar. Es zählt zu den absoluten Spitzenbetrieben der Nahe – und von denen widmet sich kein anderes neben Riesling so intensiv den Burgunder-Rebsorten.

Weingut Dr. Crusius | Hauptstraße 2 | 55595 Traisen | Tel. 0671/33953 | www.weingut-crusius.de | weingut-crusius@t-online.de

56 Der Wein zum Sommer

Weißwein-Cuvée »Diel de Diel« trocken ••

Wer jemals die A61 zwischen Bingen und Koblenz befuhr, hat mit etwas Glück einen Blick auf den Turm des Schlossguts Diel werfen können. Das Anwesen wurde im 11. Jahrhundert erbaut – und heute lebt hier eine der schillerndsten Persönlichkeiten der deutschen Weinszene mit seiner Familie: Armin Diel.

Als Weinjournalist prägt er seit Jahrzehnten den deutschen Weinbau, ebenso als Regionalvorsitzender des »Verbands deutscher Prädikatsweingüter« an der Nahe (in dessen Präsidium er auch sitzt). Er ist wortgewaltig, intelligent und gewitzt, ebenso zum Streit fähig wie zur Charmeoffensive – und einer der wenigen Spitzenwinzer, die loslassen können und das Weingut frühzeitig an die nächste Generation (in diesem Fall Tochter Caroline) weitergeben.

Das Schlossgut Diel zählt zu Deutschlands absoluten Spitzengütern in Sachen Riesling (trocken wie frucht- und edelsüß), Weiße Burgunder (Cuvée Victor) und Sekt (Cuvée Mo). All die kann man problemlos empfehlen, sie sind großartig, wenn auch nicht unbedingt Schnäppchen. Man bezahlt wie bei allen berühmten Gütern den Namen halt mit.

Ein Wein, dessen Bezeichnung das Selbstbewusstsein seines Erzeugers spiegelt, ist dagegen auch preislich bestens in Form: der »Diel de Diel«. Ein Weißwein-Cuvée aus Riesling, Grau- und Weißburgunder. Eine Zusammenstellung, die man sehr selten im deutschen Weinbau findet. Die genauen Anteile ändern sich jedes Jahr, um den Tropfen perfekt auszubalancieren.

Es ist ein begeisternd trinkiger Wein mit Schmelz, ein Sommerwein gehobener Güte, der zu vielem passt und Gäste fast garantiert begeistert. Der »Diel de Diel« bietet zudem eine Vorahnung, wie große deutsche Burgunder schmecken.

Seit 2007 ist dies vor allem das Verdienst von Armin Diels charmanter Tochter Caroline, die nach Lehr- und Wanderjahren in Deutschland, Europa und Übersee ins Familienweingut einstieg und die Weine allesamt noch ein wenig feiner werden ließ.

Schlossgut Diel | Burg Layen | 55452 Burg Layen | Tel. 06721/9695-0 |
www.diel.eu | info@schlossgut-diel.com

57 Perfekter Balanceakt

Norheimer Kirschheck Riesling Spätlese fruchtsüß •••

Helmut und Cornelius Dönnhoffs berühmteste, ja fast mythische Lage ist die Niederhäuser Hermannshöhle. Beim trockenen Spitzenriesling gesellt sich das Norheimer Dellchen dazu – und stiehlt ihr sogar manchmal die Schau. Bei Auslesen und Eisweinen strahlt die Oberhäuser Brücke mit ihrer rassigen Säure, aber in einigen Jahren ist nichts betörender und verführerischer als die fruchtsüße Spätlese aus dem Norheimer Kirschheck. Früher sollen in dieser steilen Südlage wilde Kirschen zwischen den Rebstöcken gewachsen sein – und heute, man mag es glauben oder nicht, duftet der Wein danach. Wenn Weine adelig wären, dann wäre das Kirschheck ein Burgfräulein, hinter dem das gesamte Rittertum her ist. Wie wunderbar unterstützend die Süße in diesem Wein ist, wie sie die Frucht herauskitzelt.

Es ist ein Wein, der leicht und ungezwungen wirkt, mit leichter Hand gewoben, harmonisch durch und durch, man merkt ihm die viele Arbeit im Weinberg nicht an. Diese perfekte Balance ist Helmut Dönnhoffs große Kunst. Will man Dönnhoff senior mit einem großen Maler vergleichen, so wäre der introvertierte und naturverbundene Caspar David Friedrich die richtige Wahl, dem es um stetige Vervollkommnung des einen zentralen Themas ging.

Bei Friedrich war dies die Landschaftsmalerei – Dönnhoffs Arbeit könnte ähnlich beschrieben werden. Seine Werke bilden ebenfalls die Natur ab. Wer Dönnhoffs Parade der Spätlesen – vielleicht die Königsdisziplin des Rieslings – verkostet, taucht mit Nase und Gaumen in den Mikrokosmos jedes einzelnen Weinbergs ein. Der Genießer kostet hier nicht zuallererst eine Rebsorte, sondern einen Weinberg in all seiner Komplexität.

Das Kirschheck ist eine »Erste Lage« nach Klassifikation des »Verbands Deutscher Prädikatsweingüter« (VDP). Hier findet sich Tholeyer Schiefer, ein grauer Schiefer mit Sandeinlagerungen. Doch es braucht Winzer wie Helmut und Cornelius Dönnhoff, um die Feinheiten dieses Bodens herauszuarbeiten.

Weingut Dönnhoff | Bahnhofstraße 11 | 55585 Oberhausen an der Nahe | Tel. 06755/263 | www.doennhoff.com | weingut@doennhoff.com

58 Der Wein der Kraniche

Riesling »Halgans« trocken ••••

Generationsübergaben in Weingütern sind so eine Sache. Manchmal kracht es gewaltig, mal will der Senior nicht loslassen und der Junior zu viel ändern, ein andermal geht die Kundschaft den neuen Weg nicht mit, und finanzielle Einbußen erschüttern den Übergang. So reibungslos wie beim Weingut Emrich-Schönleber geht es fast nie vonstatten. Hier hat es nämlich kaum jemand bemerkt. Schon seit dem Jahr 2007 ist Junior Frank Schönleber federführend für die Vinifikation und den Ausbau der Weine verantwortlich. Die Weine haben nichts an ihrer Faszination verloren, es gab keinen Bruch, es war eine reibungslose Übergabe.

Und das ist verdammt gut so.

Denn besser machen als Vater Werner Schönleber kann man es nicht.

Das in Monzingen liegende Weingut beschränkt sich auf zwei Lagen, doch diese interpretiert es in jeder Qualitätsstufe kongenial. Auf der einen Seite das feminine, feinduftig-fruchtige, von rotem Schiefer und Kiesel geprägte Frühlingsplätzchen, das häufig mit rotem Lehm des Rotliegenden durchsetzt ist. Auf der anderen der maskulinere, mineralischere Halenberg mit blauem Schiefer und Quarzit. Ein steiniger Untergrund, die Reben müssen hier tief wurzeln.

Mit der Reife überholt der Halenberg, in der Jugend ist das Frühlingsplätzchen betörender. Anders ausgedrückt: Das Frühlingsplätzchen trinkt man, auf den Halenberg wartet man. Den Namen hat der Weinberg von der Halgans – dahinter versteckt sich nichts anderes als der lokale Name für den Kranich. Auf ihrem Weg gen Süden fliegen Kraniche nämlich alljährlich über den Halenberg, um dank dessen Thermik luftige Höhen zu erreichen. Dieser Halgans ist beschwingt, transparent und fein gewoben, und doch mit festem, mineralischem Kern, vor allem aber bietet er die einzigartige Eleganz der westlichen Nahe, diese cremige Würzigkeit. Nichts ist hier zu viel, nichts ist laut, alles hat das richtige Maß, und das Wort »Feinfruchtigkeit« wird nirgendwo mit mehr Sinn gefüllt. Mit diesem Wein sollte man jedes Jahr den Kranichen zuprosten.

Weingut Emrich-Schönleber | Soonwaldstraße 10a | 55569 Monzingen | Tel. 06751/2733 | www.emrich-schoenleber.com | weingut@emrich-schoenleber.com

59 Zwei, die sich lieben

Riesling & Traminer Oberndorfer Beutelstein
Spätlese feinherb ••

Ökowein hatte lange Zeit folgenden Ruf: gut für die Natur, schlecht für den Gaumen. Was damit zusammenhing, das zu Beginn viele Idealisten Ökowein machten, die es zwar gut meinten, aber nur schlecht konnten. Das Blatt hat sich mittlerweile völlig gedreht. Heute setzen immer mehr absolute Spitzenweingüter auf ökologischen Weinbau, und zwar weil er zu besseren, ausdrucksstärkeren Weinen führt.

Martina und Peter Linxweiler aus dem kleinen Alsenztal zählen zu den Vorreitern der Ökowein-Bewegung, die ihr Metier von Anfang an beherrschten – und das war im Jahr 1986. Untergebracht ist das Gut in der namensgebenden Hahnmühle, die im Mittelalter als Getreidemühle am Fluss Alsenz errichtet wurde. Die Kraft des Wassers nutzen die Linxweilers heute zur Erzeugung von Strom aus der hauseigenen Wasserkraftanlage. Ihr Hauptaugenmerk gilt dem Riesling, doch gerade im Bereich von Silvaner und Traminer keltert niemand bessere Weine an der Nahe als sie.

Mit ihrem Riesling & Traminer führen sie – wie Otmar Zang in Franken (siehe Seite 80) – die Tradition des Gemischten Satzes fort, auch wenn dieser hier »nur« aus zwei Rebsorten besteht: Riesling und Gewürztraminer, denn so war es im Alsenztal Tradition.

Und die beiden ergänzen sich wundervoll. Der Gewürztraminer ist enorm rosenduftig, weist aber wenig Säure auf, der Riesling ist säurestark, aber im Bereich der Rosenduftigkeit: nichts. Den Wein gibt es feinherb und trocken, wobei auch die feinherbe Variante alles andere als süß ist, der Restzucker pusht die Aromatik noch etwas mehr, und die Rose erblüht im Glas. Den Riesling-Traminer aus dem Oberndorfer Beutelstein ziert ein Jugendstil-Etikett mit einem Ritter. Es wurde 1919 vom Pfälzer Heimatdichter Paul Münch entworfen. Der Ritter erinnert an die einstige Stolzenburg und ihre Bannmühle – die Hahnmühle. Der Weinberg ist ein steiler Südhang mit tiefgründigen Sandsteinverwitterungen, der auch bei großer Hitze noch ausreichend Wasserversorgung bietet.

Weingut Hahnmühle | 67822 Mannweiler-Cölln | Tel. 06362/993099 |
www.weingut-hahnmuehle.de | info@weingut-hahnmuehle.de

Riesling + Roter Traminer

☆ ☆

Weingut Hahnmühle · P.+M. Linxweiler
D-67822 Mannweiler-Cölln/Alsenztal

60__Berliner Mode

Spätburgunder Rotsekt »Montfort« Brut ••

In anderen Weinländern gehört es fast schon zum guten Ton für erfolgreiche Unternehmer, in Weinbau zu investieren. In Deutschland nicht. Eine Ausnahme ist der Berliner Rechtsanwalt Christian Held mit seinem Nahe-Weingut Klostermühle. Er stieß darauf, dass es im späten 19. Jahrhundert in den höheren Ständen der Hauptstadt ein Modegetränk namens Bourgogne Mousseux gab. Dabei handelte es sich um versektete Pinot-Noir-Weine aus dem Burgund. Da sein Nahe-Weingut einen Schwerpunkt in der Erzeugung von Pinot Noir hat, entstand die Idee, das Modegetränk wiederauferstehen zu lassen. Bestärkt wurde Held bei einem Besuch der angesehenen Domaine Ponsot in Morey-Saint-Denis. Dessen Seniorchef stellt für den reinen Hausgebrauch nämlich aus besten eigenen Pinot-Noir-Trauben eine geringe Menge von hochwertigem Rotsekt her.

Während die Weiß- und Rosésekte des Weinguts Klostermühle Bekanntheit erlangt haben, ist der Rotsekt ein Geheimtipp geblieben. Völlig zu Unrecht. Zur Herstellung werden ausschließlich hochwertige Pinot-Noir-Trauben aus eigenen Steillagen verwendet. Und man hat genau das nötige Fingerspitzengefühl, einerseits den Rotwein-Charakter auszubilden, andererseits die Gerbstoffnoten zurückhaltend auszuprägen. Der Sekt liegt mindestens drei Jahre auf der Hefe und weist eine klassische Pinot-Noir-Nase mit Anklängen von Schwarzen Johannisbeeren, Weichselkirschen sowie Brombeeren auf. Ein wirklich wonnevoller Genuss.

»Montfort« verweist auf die Parade-Burgunderlage des Guts, über welcher die Burg gleichen Namens liegt. In der Familie Held wird der Rotsekt traditionell an Weihnachten getrunken, wobei er im Menü anstelle eines Rotweins Verwendung findet. Nach dem Essen bleibt man dann gern beim Rotsekt, da die Kohlensäure die Lebensgeister frisch hält. Und von den Freunden aus dem Burgund haben die Helds gelernt, wie man eine Sommererfrischung damit zubereitet: einfach eine große Schüssel Erdbeeren mit einer Flasche übergießen. Fertig!

Weingut Klostermühle Odernheim KG | Am Disibodenberg | 55571 Odernheim | Tel. 06753/124841 | www.weingut-klostermuehle.de | mail@klostermuehle-odernheim.de

61 Leckerschmecker

Gelber Muskateller fruchtsüß •

Lecker, lecker und lecker. Hatte ich eigentlich schon erwähnt, dass dieser Wein lecker ist? Saftiger als mit diesem Gelben Muskateller geht es nicht. Es ist, als wenn man in einen reifen, muskatwürzigen Apfel beißen würde. Reines, brillantes Elixier, wie ein Fruchtsaft, den Gott persönlich gekeltert hat. Ist die Flasche einmal offen, wird sie sehr, sehr schnell leer.

In seiner Süße und Leichtigkeit (der ohnehin schon geringe Alkoholgehalt ist nicht einmal zu erahnen) erinnert er an einen Moscato d'Asti.

Das Weingut liegt in Bad Kreuznach, hier sind die Böden schwerer und fetter als an der Mittleren Nahe, die Weine sind dadurch weniger würzig-mineralisch, dafür opulenter in der Frucht. Das merkt man allen Weinen des großen Guts an, das in der sechsten Generation von Martin und Britta Korrell geführt wird und vor allem für seine Rieslinge bekannt ist. Und für eine Besonderheit. Wer wünscht sich nicht, Besitz im Paradies zu haben?

Martin Korrell hat genau dies. Besitz in der Weinbergslage Bad Kreuznacher Paradies – und von hier stammen einige seiner besten Weine. Aber auch an der Mittleren Nahe hat er Besitz, weswegen sich bei einer Probe auf dem Gut wunderbar die Unterschiede der Böden im Gebiet erschmecken lassen.

Der Gelbe Muskateller ist eine der ältesten Rebsorten der Welt, in Frankreich ist sie als Muscat blanc à petits grains bekannt – und ihre Familie ist riesig. Über 200 Mitglieder soll die Muskatellerfamilie haben.

Doch das edelste ist der Gelbe Muskateller. In Deutschland sind weniger als 100 Hektar damit bestockt (bei rund 100.000 Hektar Gesamtfläche). Auch Martin Korrell hat nicht viele Rebstöcke, doch die hegt und pflegt er, weil er diesen Wein so schätzt. Er ist immer schnell ausverkauft – es gibt halt eine ganze Menge Leckermäuler.

Weingut Korrell | Parkstraße 4 | 55545 Bad Kreuznach | Tel. 0671/63630 | www.korrell.com | weingut@korrell.com

62 Klettersteig im Mund

»Schiefergestein« Riesling trocken •

Vor Jahren kannte kaum ein Weinkenner die Lage Bockenauer Felseneck. Dann machte das Weingut Schäfer-Fröhlich sie bekannt, ja berühmt. Und es zeigte sich wieder einmal: Eine Lage kann noch so gut sein, es braucht immer einen Winzer, der ihre Stärken im Wein zur Geltung bringt. Obwohl die Familie Fröhlich mittlerweile auch Besitz in den berühmten Monzinger Lagen Halenberg und Frühlingsplätzchen sowie im Schlossböckelheimer Felsenberg und der Kupfergrube hat, bleibt das Felseneck ihr Prunkstück. Auch weil sie hier am meisten Fläche ihr Eigen nennen können – dadurch können sie aus den besten Parzellen selektionieren und haben im Keller viele Gebinde, aus denen sie den fertigen Wein zusammenstellen können. Das »Große Gewächs« aus der Lage ist ihr trockener Superstar, ein monolithischer Wein. Kraft, Würze und Spannung im Extrem. Der preislich darunter liegende »Schiefergestein« (früher als trockene Spätlese verkauft) ist etwas entspannter, gerade in jungen Jahren deutlich weniger fordernd und viel charmanter. Und trotzdem spiegelt auch sie auf kongeniale Weise die reine Südlage wider. Diese wird von Wäldern vor kalten Fallwinden geschützt, und im steilen Hang finden sich blauer Devonschiefer, basaltisches Geröll und weiß-grauer Quarzit. Und um an dieser Stelle mit einem Missverständnis aufzuräumen: Die Lage, wie fast alle im Anbaugebiet, liegt weit entfernt von der namensgebenden Nahe, einem eher bescheidenen Nebenfluss des Rheins. Seine Bedeutung für den Weinbau ist nicht einmal ansatzweise mit dem des Rheins oder der Mosel zu vergleichen, wo der Fluss klimatisch einen großen Einfluss auf die Reben hat.

Das Weingut Schäfer-Fröhlich wird von Tim Fröhlich gemeinsam mit seiner Familie bewirtschaftet. Tim ist der Shootingstar schlechthin an der Nahe. Die Weine von den Kult-Gütern Dönnhoff und Emrich-Schönleber mögen feiner und eleganter sein. Wer auf unbändige, mitreißende Kraft aus ist, auf schroffe, zerklüftete Mineralik (ich weiß, das klingt jetzt, als müssten Sie einen Klettersteig im Mund bewältigen …), der sollte unbedingt zu den Weinen der Fröhlichs greifen.

Weingut Schäfer-Fröhlich | Schulstraße 6 | 55595 Bockenau/Nahe | Tel. 06758/6521 | www.weingut-schaefer-froehlich.de | info@weingut-schaefer-froehlich.de

SCHÄFER-FRÖHLICH

SCHIEFERGESTEIN

Bockenauer Riesling
trocken

63__ Göttliche Lage

Niederhäuser Hermannshöhle Riesling Auslese
»Junior« edelsüß ••

Edelsüße Weine von berühmten Lagen und gekeltert von Spitzenwinzern sind teuer? Blödsinn. Nicht wenn die Kreszenz vom Weingut Jakob Schneider aus Niederhausen an der Nahe stammt. Seine Auslese »Junior« stammt aus der Niederhäuser Hermannshöhle – und die hat einen Namen wie Donnerhall. Keine Lage der Nahe ist berühmter. Ihren Namen hat sie von einem kleinen Bergwerkstollen (der »Höhle«) im Mittelteil des Weinberges. Das Wort Hermann stammt vom römischen Schutzgott Hermes, vermutlich weist es auf eine alte Kultstätte hin. Seit über 100 Jahren ist die Hermannshöhle die steuerlich am höchsten bewertete Lage der Nahe. Sie ist Legende, mythisch ist die Lagerfähigkeit ihrer Weine. Jetzt festschnallen: Fast zwei Hektar besitzt das Weingut Jakob Schneider hier.

Das bereits 1575 gegründete und seitdem in Familienbesitz befindliche Weingut hat zwar auch Besitz in anderen bedeutenden Lagen der Mittleren Nahe, wie Dellchen, Felsensteyer, Klamm oder Rosenheck, doch die Hermannshöhle überstrahlt alles.

2007 beendete Jakob Schneider junior (nach ihm ist die Auslese benannt) sein Studium an Deutschlands »Wein-Uni« Geisenheim und ist seitdem offiziell Gesellschafter und Kellermeister – mit ihm begann der Aufstieg in die absolute Gebietsspitze. Jakob Schneider senior leitet den Außenbetrieb.

Die Auslese »Junior« ist alljährlich die beste des Hauses. Wie Öl bewegt sie sich im Glas, ist unheimlich cremig am Gaumen und zeigt die mineralische Würze der berühmten Lage. Für den ungeübten Gaumen schmeckt sie unglaublich süß – dabei geht es noch viel süßer. Beeren- und am allermeisten Trockenbeerenauslesen steigern Zucker und Viskosität noch beträchtlich. Doch schon diesen Wein trinkt man nicht mehr zum Dessert. Er ist das Dessert. Wer wissen will, was die Faszination edelsüßer Rieslinge ausmacht und warum diese deutsche Weinspezialität auf der ganzen Welt bewundert wird, aber nicht gleich größere Beträge auf den Tisch legen will, wird nichts Besseres als diesen Wein finden.

Weingut Jakob Schneider | Winzerstraße 15 | 55585 Niederhausen/Nahe | Tel. 06758/93533 | www.schneider-wein.com | info@schneider-wein.com

Pfalz

Mit rund 23.500 Hektar Weinbergen ist die Pfalz Deutschlands zweitgrößtes Weinbaugebiet. Bis 1992 war es übrigens als Rheinpfalz bekannt – falls mal eine verstaubte alte Flasche im Keller gefunden wird. Im Mittelalter galt die Pfalz als »Weinkeller des Heiligen Römischen Reiches«. Unterteilt ist sie in die lange Jahre berühmtere »Mittelhaardt – Deutsche Weinstraße« und die in den letzten Jahren durch viel Dynamik qualitativ gleichgezogene »Südliche Weinstraße«. In der Pfalz gedeiht alles, ob Rot- oder Weißwein, ob trocken oder süß, ob Riesling oder Burgunder (insgesamt sind 67 Rebsorten zugelassen). Die Weine sind häufig körperreich – soll heißen: nicht unbedingt moderat im Alkohol – und strotzen in guten Jahren vor köstlichen Fruchtaromen.

Superlative gibt es hier auch. Den ältesten Wein der Welt (Historisches Museum der Pfalz in Speyer, eine Glasamphore mit einer gelben Flüssigkeit aus dem 4. Jahrhundert), das größte Weinfass der Welt (in Bad Dürkheim, darin ein Weinlokal), das größte Weinfest der Welt (der Dürkheimer Wurstmarkt).

64 Grenzenloses Vergnügen

Spätburgunder »B« trocken •••

Weinfans sind über unzählige Dinge mit Inbrunst unterschiedlicher Meinung. Vor allem was die Qualität von Weingütern und Weinen angeht. Dagegen war der Streit zwischen Beatles- und Rolling-Stones-Fans auf Kindergartenniveau. Im Rotweinbereich kann sich die Szene allerdings auf wenige Namen einigen. Und nur einer davon ist Seriensieger im »Gault Millau WeinGuide«: das Weingut Friedrich Becker aus Schweigen in der Südpfalz. Es liegt nur einen Steinwurf von der deutsch-französischen Grenze entfernt. Und die Weinberge der Familie Becker kümmern sich nicht um alberne Landesgrenzen, sie liegen sowohl diesseits wie jenseits. Sprich: Ein großer Teil der Weine wächst im Elsass. Deutsch-französische Freundschaft auf Flaschen gezogen. Es gibt kaum derart gute deutsche Spätburgunder, dass sie als französische Burgunder durchgehen können, so wie die von Vater und Sohn Becker – den doppelten Fritz. Rotwein macht man mit dem Bauch – und die beiden haben genau den richtigen dafür. Der Senior setzte seine Idee von einem großen Rotwein durch, als alle anderen ihn nur belächelten. Doch er sollte als Letzter lachen. Selbst nach zwanzig Jahren Reifung glänzen seine Spätburgunder von den Lagen Kammerberg und Sankt Paul – fast alle Weine der Konkurrenz sind da längst dahingeschieden.

Der Spätburgunder »B« ist nicht für solch einen Langstreckenlauf gekeltert, obwohl auch er über viele Jahre fein heranreifen kann. Doch bei ihm steht die volle Fruchtaromatik im Vordergrund, rote Beerenfrüchte und Kirschen vor allem, und die Beckers beherzigen stets: Ein großer Spätburgunder braucht Säure, aber sollte nicht zu viel Alkohol haben, der Frucht und Feinheit erdrückt. Und auch was den Einfluss des Holzfasses angeht, sind die Beckers Meister der Feinfühligkeit, weswegen der »B« zwölf Monate in gebrauchten Barriques ausgebaut wird. Ein großer Trinkspaß, der zu diesem Preis in der Bourgogne nur sehr schwer zu finden ist.

Und bevor ich es vergesse: Tolle Weißburgunder und Rosés gibt es hier auch!

Weingut Friedrich Becker | Hauptstraße 29 | 76889 Schweigen | Tel. 06342/290 | www.friedrichbecker.de | wein@friedrichbecker.de

65 Ein Mainriesling aus der Pfalz

Flemlinger Herrenbuckel Rieslaner Auslese fruchtsüß •

Der Müller-Thurgau wird auch Rivaner genannt, weil man dachte, er sei eine Kreuzung aus Riesling und Silvaner. Der Rieslaner trägt seinen Namen aus genau demselben Grund – doch bei ihm stimmt es mit der Elternschaft. 1921 wurde die Rebsorte an der Bayerischen Landesanstalt für Wein, Obst- und Gartenbau in Würzburg gezüchtet, weswegen sie auch als Mainriesling bekannt ist.

Heute wird sie vor allem in Franken angebaut. Deutschlandweit sind weniger als läppische 50 Hektar damit bestockt. Und doch ist Rieslaner Weingenießern ein Begriff, denn einige der besten edelsüßen Weine stammen von dieser Rebe. Legendär sind die Kreszenzen von Müller-Catoir, Weegmüller, Schmitt's Kinder und Keller (Flörsheim-Dalsheim).

Rieslaner erbringt viel Säure und hohe Öchslewerte – ideal für edelsüße Spezialitäten. Im Aroma erinnert er an Riesling, jedoch mit einem ganz speziellen exotischen Johannisbeeraroma. All das findet man in der Auslese von Borell-Diehl, einem herrlich saftigen Wein mit üppiger, aber nicht übertriebener Süße, betörenden Noten von rosa Grapefruit und Cassis, wunderbar zu Obstkuchen zu genießen – und das zu einem echten Schnäppchenpreis. Was daran liegt, dass Borell-Diehl ein richtig großes Weingut ist (fast 30 Hektar) und sich auf richtig gute Qualität zum günstigen Preis spezialisiert hat.

Drei Generationen arbeiten beim Hainfelder Weingut Hand in Hand. Für Tradition steht das Fachwerkhaus aus dem Jahr 1619, für Innovation die neue Vinothek. Beides geht hier tatsächlich Hand in Hand.

Der Rieslaner kommt aus der Lage Flemlinger Herrenbuckel. Kein berühmter Spitzenweinberg, aber einer mit nährstoffreichem Löß-Lehmboden (aus dem Pleistozän), was für füllige Weine sorgt. Und der Kalkanteil des Bodens sorgt für eine harmonische Säure.

Also: herrlich weich das alles. Zum kuschelig Reinlegen. Und wenn schon nicht komplett, dann doch wenigstens die Zunge!

Weingut Borell-Diehl | Weinstraße 47 | 76835 Hainfeld | Tel. 06323/980530 | www.borell-diehl.de | info@borell-diehl.de

Rieslaner

Auslese

66 Weinberg mit eingebautem Föhn

Wachenheimer Gerümpel Riesling »P.C.« trocken ••••

Es gibt kein deutsches Weingut, und auch keines auf der ganzen Welt, das jedes Jahr dermaßen viele herausragende trockene Rieslinge produziert wie Dr. Bürklin-Wolf aus Wachenheim in der Pfalz. Gründe sind der unfassbare Lagenschatz des Guts und die Konzentration auf durchgegorene Weine. Die Kunst besteht darin, die Besonderheiten jedes Weinbergs schmeckbar zu machen. Die berühmteste – und teuerste – Lage des Guts ist das Forster Kirchenstück. Doch es geht auch günstiger: Das Gerümpel gilt als Wachenheimer Toplage. Die dort stehenden Rebstöcke des biodynamisch betriebenen Guts Dr. Bürklin-Wolf wurden 1972 gepflanzt, womit es der zweitälteste Weinberg des Betriebs ist. Hier wachsen besonders üppige und dennoch elegante Rieslinge. Typisch sind die reifen, herrlichen Pfirsichnoten, man kann richtig in diesem Wohlgenuss schwelgen – und merkt gar nicht, wie fein alles bei diesem kraftvollen Wein verwoben ist. Klimatischer Vorteil der Lage ist eine häufig auftretende föhnartige Erwärmung, die zur schnellen Abtrocknung der Trauben nach Regen führt und dadurch Pilzbefall vorbeugt.

Der Zusatz »P.C.« hat mit der gutseigenen Qualitätspyramide zu tun. Diese beruht auf der Königlich-Bayerischen Lagenklassifikation von 1828 und orientiert sich an dem burgundischen Prinzip. G.C. und P.C. Rieslinge sind die Grand Crus und Premier Crus der wertvollsten Lagen des Weinguts. Eine Stufe darunter finden sich die Ortsrieslinge, der Gutsriesling bildet die Basis der Qualitätspyramide. Ein Prinzip, das mittlerweile viele VDP-Weingüter nutzen.

Wer eine Schippe mehr Geld ausgeben will, findet in der G.C.-Kategorie mit dem Gaisböhl das beste Preis-Genuss-Verhältnis, der Pechstein ist dagegen für alle ideal, die ihre Rieslinge gern reifen lassen.

Dr. Bürklin-Wolf ist übrigens eines der »Drei großen Bs aus der Pfalz«, zu denen außerdem noch Reichsrat von Buhl und Geheimer Rat Dr. von Bassermann-Jordan gehören.

Weingut Dr. Bürklin-Wolf | Weinstraße 65 | 67157 Wachenheim | Tel. 06322/9533-0 | www.buerklin-wolf.de | bb@buerklin-wolf.de

67__Sag einfach Champagner
Riesling Sekt Brut ••

Was für eine Sensation! Was für ein Beben in Weindeutschland! Was ein Labsal für das vinologische Selbstbewusstsein! Ein Kellermeister aus der Champagne wechselt in die Pfalz! Und nicht von irgendeinem kleinen Champagnerhaus, nein, sondern von Bollinger, einer der Grande Marques, der großen Champagnerhäuser, und sogar innerhalb dieses elitären Clubs einem der strahlendsten Namen. Bollinger. Für Eingeweihte: Bolly. James Bonds bevorzugte Marke. Und wohin wechselte der Kellermeister, Mathieu Kauffmann sein Name? Zu einem der Big Player in der Pfalz. 1849 gegründet, bewirtschaftet das in Deidesheim ansässige Gut heute über 50 Hektar und hat sich unter anderem mit seinen Sekten einen hervorragenden Ruf erarbeitet. Mit über 200.000 Flaschen gehört es auch mengenmäßig zu den bedeutendsten Erzeugern von Spitzensekten.

Von Buhl ist ein Bio-Betrieb der für konsequent durchgegorene Weine steht, geradlinig, zupackend, klar in der Art. Der erste Sekt, den Kauffmann auf den Markt brachte, war der Riesling Brut – er schlug ein wie eine Bombe.

Kauffmann ist Elsässer, deshalb versteht er den Riesling, seine Aromen von Aprikosen, aber auch Birne (dazu gesellen sich reife Zitrone und Johannisbeere), seine Kraft durch Straffheit und Säure. Aber er versteht eben auch Schaumwein, deshalb gelingt ihm die Perlage so fein und wohldosiert, die hefige Brioche-Note so ofenfrisch. Alles wirkt nobel, weinig.

Schon Kauffmanns »Erstgegorener« war großes Kino, der ungemeinen Trinkfluss besaß. Sehr pur, kein bisschen bitter. Nur der Vorlaufsaft aus der allerersten Pressung wird verwendet.

Und das kostet dann soviel wie ein Champagner? Nein, dieser Sekt wird zwar genauso erzeugt, doch er kostet weniger als die Hälfte eines »kleinen« Bollinger. Aber er ist natürlich auch nicht zu vergleichen. Champagner werden aus Burgundersorten gekeltert. Das hier ist Riesling. Zwei Welten. Beide faszinierend.

Weingut Reichsrat von Buhl | Weinstraße 18–24 | 67146 Deidesheim |
Tel. 06326/965019 | www.von-buhl.de | info@von-buhl.de

68_ Ganz dicke Dinger

Essinger Rossberg Chardonnay Beerenauslese edelsüß • • • • •

Es macht eine Heidenarbeit, edelsüße Weine zu erzeugen, denn dafür muss man die Trauben extrem lange am Rebstock hängen lassen, wobei viele Dinge schiefgehen können. Pilzbefall und Vogelfraß sind nur zwei davon. Und wenn man dann endlich liest, sind die Trauben eingeschrumpelt, und man erhält nur noch wenige Tropfen aus ihnen. Insgesamt also viel weniger Menge, als wenn man bedeutend früher ernten würde. Dazu kommt noch, dass der Markt für solche Preziosen sehr gering ist. Jürgen und Peter Frey müssen also verrückt sein. Denn sie produzieren nichts anderes als edelsüße Weine. Dazu in einer Ecke der Pfalz, die kaum einer kennt: dem 200-Seelen-Ort Essingen.

Doch die Freys sind noch verrückter. Sie konzentrieren sich nicht auf Rebsorten, die traditionell zur Süßweinerzeugung genutzt werden. Nein, sie nutzen dafür auch Rotweinreben wie Merlot, Saint Laurent und Cabernet Sauvignon und keltern edelsüße Rosés daraus. So etwas extrem selten zu nennen, wäre eine Untertreibung. Noch seltener, und das ist der entscheidende Punkt, findet man es in dieser Qualität. Denn die Freys wissen genau, was sie tun. Sie haben schließlich auch eine unglaubliche Erfahrung damit. Auf der Weinkarte finden sich noch viele gereifte Kreszenzen bis zurück in die 1970er Jahre – alle käuflich zu erwerben.

Der Chardonnay aus dem Essinger Rossberg (wobei die Lage hier keine Rolle spielt) ist eine Wuchtbrumme. Sprich: Opulent süß und im Glas bewegt er sich viskos wie feinstes kaltgepresstes Öl. Ende der 1970er machte die Familie erstmalig überregional Furore, als sie mit einem Dreikönigswein (am 6. Januar gelesen) auf einer Raritäten-Probe von Hardy Rodenstock die internationale Konkurrenz blass aussehen ließ. Was auch daran liegt, dass die Freys dick auftragen. Eigentlich reichen für eine Beerenauslese 125 Grad Öchsle, sie aber füllen nur ab 150 Grad unter dieser Prädikatsbezeichnung ab. Bei Trockenbeerenauslesen sind es dagegen genau diese 150 Grad, Freys wollen aber nichts unter 180 Grad in der Flasche. Jede Beerenauslese ist hier also faktisch eine Trockenbeerenauslese. Und das alles zu wahnsinnig fairen Preisen.

Weingut Winfried Frey & Söhne | Spanierstraße 9 | 76879 Essingen | Tel. 06347/8224 | www.weingut-frey.com | info@weingut-frey.com

FREY

Chardonnay

Beerenauslese

Essinger Rossberg

Gutsabfüllung · Weingut Frey · D-76879 Essingen
(0 63 47) 82 24 · info@weingut-frey.com · Product of Germany
Deutscher Prädikatswein · A.P.Nr. 5 023 052 02 10

7,5% vol.   PFALZ   0,375 l

69 In dubio pro secco
Secco Rosé •

Eigentlich darf man als Weintrinker so was wie Secco natürlich gar nicht im Glas haben. Also Perlwein, der durch zugesetzte Kohlensäure zum Prickeln gebracht wird und nicht wie Schaumwein durch eine zweite Gärung, in der Hefen den Zucker in Alkohol und Kohlensäure umwandeln, die nicht wie bei der ersten Gärung entweichen kann. Secco ist eigentlich der falsche Name, bezieht er sich doch auf Prosecco. Aber Prosecco ist kein Weintyp, sondern eine Rebsorte. Oder besser: war der Name einer Rebsorte. Bis 2009. Jetzt heißt sie Glera. Prosecco ist jetzt ausschließlich eine geschützte Herkunftsbezeichnung für Schaumweine (»Spumante«), Perlweine (»Frizzante«) und Stillweine. Wenn also überhaupt irgendwas Italienisches auf dieser Flasche stehen sollte, dann eher frizzo als secco.

Aber geschenkt. Wichtig ist, was in der Flasche steckt. Und wenn in Deutschland Perlwein erzeugt wird, so ist dies meistens Dreck. Süßer Dreck. Aus Grundweinen, die für kaum etwas anderes taugen als einen Tropfen, von dem man aufgrund der aggressiven Perlage, der Süße und der kalten Serviertemperatur sowieso nix schmeckt.

Bassermann-Jordan zeigt als einer der ganz wenigen Erzeuger, dass es auch seriös geht. Sogar als Rosé! Die ungewöhnliche Cuvée aus Spätburgunder, Cabernet Sauvignon und Merlot (von Weinbergen der Mittelhaardt in und um Deidesheim) ist einerseits ein ganz typischer Perlwein. Wenig Alkohol (in der Regel unter 10 Prozent), ordentlich Restsüße (15 bis16 Gramm), und man empfiehlt, ihn kalt, zwischen 6 und 8 Grad Celsius, zu trinken.

Andererseits ist er ein extrem ungewöhnlicher. So duftet er verführerisch und knackfrisch nach roten Beeren, aber auch würzig nach Cassis und Holunder.

Wilhelm Busch war ein Fan der Tropfen des Weinguts Geheimer Rat Dr. von Bassermann-Jordan. Den Secco gab es damals noch nicht, doch der Spaßfaktor gleicht fraglos einigen seiner Gedichte.

Weingut Geheimer Rat Dr. von Bassermann-Jordan | Kirchgasse 10 | 67146 Deidesheim | Tel. 06326/6006 | www.bassermann-jordan.de | info@bassermann-jordan.de

70___ Der Urologenwein

Riesling »HPB« trocken •

Jeder Marketing-Fachmann wird Ihnen Brief und Siegel geben, dass es keinen Markt für Urologenwein gibt. Und doch bekam ich an einem wunderschönen Sommermorgen einen Urologenwein vorgesetzt. Beim Weingut Knipser im pfälzischen Laumersheim. Auf dem Etikett stand allerdings nur Riesling »HPB« trocken. Ganz harmlos. Hinten ist allerdings ein Cartoon abgebildet. Text: »Bei Weißweinen setzt man eine gewisse Säure voraus.«

Knipsers Urologenwein zieht einem die Löcher aus den Socken, er lässt Haare auf der Brust sprießen, und vermutlich kann man mit ihm sogar die alte Strukturtapete von der Wand lösen. In der Pfalz wurde unter der Hand schon seit Langem über den Wein geredet. Den müsse man unbedingt mal probieren – aber man solle eine Packung Magentabletten mitnehmen! Er wird nicht jedes Jahr erzeugt, aber immer, wenn es geht. Aber warum heißt die Säurelösung Urologenwein?

»HPB« sind die Initialen eines Urologen aus Speyer mit Stahlmagen. Er hatte nach einem solchen Wein gefragt. Nur für sich und seine Freunde. Die Knipsers taten ihm den Gefallen – und im Weingut fanden sich immer mehr Liebhaber dafür. Dieses Urviech sollte man tatsächlich einmal in seinem Leben probieren. Man will sofort das zweite Glas, fühlt sich gut, genießt die Zitrone, den Pfirsich und den knackgrünen Apfel im Bukett. Je heißer der Morgen, desto lieber der Urologenwein. Hardrocker Lemmy Kilminster würde sagen: Geiles, wildes Zeug – wenn er denn Wein tränke.

Und der Urologenwein ist unglaublich praktisch. Mit ihm spart man Zeit und Geld. Nämlich das für die morgendliche kalte Dusche und den schwarzen Kaffee. Er macht munter und erfrischt. Kein Wunder, dass die Nachfrage steigt. Dieser Wein ist der Hammer – im wahrsten Sinne des Wortes. Aber: nur für die Furchtlosen mit intakter Magenschleimhaut gedacht. Wobei Säure natürlich gesund ist. Sie regt den Stoffwechsel an und aktiviert die Bauchspeicheldrüse. Und bevor Sie fragen: Nein, der Urologenwein ist nicht dunkelgelb …

Weingut Knipser Johannishof | Hauptstraße 47–49 | 67229 Laumersheim/Pfalz | Tel. 06238/742 | www.weingut-knipser.de | mail@weingut-knipser.de

KNIPSER

Riesling trocken

HPB

11,5 % vol   PFALZ   0,75 l

Prädikatswein · Kabinett · Enthält Sulfite · A.P. Nr. 5 128 029 031 12
Gutsabfüllung · Weingut Knipser · Johannishof
D-67229 Laumersheim · Pfalz

71 Elternschaft ungewiss

St. Laurent Réserve Barrique trocken •••

Der St. Laurent wird zur Burgunderfamilie gezählt – doch mit welcher anderen Rebsorte sich einst ein Pinot vermählte, ist bis heute nicht klar. Genauso unklar scheint zu sein, ob es nun Sankt Laurent oder französisch Saint Laurent heißt (geht beides). Nur die Herkunft ist halbwegs sicher: Nein, nicht der Ort St. Laurent im Médoc, sondern das Elsass. Heute wird sie zumeist in Österreich (vor allem am Neusiedlersee) angebaut, aber auch in der Tschechischen Republik, der Slowakei – und Deutschland. Besonders die Winzer der Pfalz und Rheinhessens haben die Rebsorte ins Herz geschlossen.

Einer davon ist Philipp Kuhn aus Laumersheim. Seit 1992, damals war er gerade zwanzig Jahre alt, ist er für das Familienweingut verantwortlich. Er kann Jahr für Jahr beobachten, warum die St.-Laurent-Traube ihren Namen trägt. Immer um den Laurenzitag am 10. August verfärbt sich die Traube von hell nach rot – die sogenannte Traubenreife.

Man findet kaum einen besseren St. Laurent in Deutschland als den von Philipp Kuhn. Die Reben wachsen im Laumersheimer Kirschgarten, einer Spitzenlage mit kalksteinhaltigem Boden. Diese hat ihren Namen nicht daher, dass hier einst Kirschbäume standen, sondern weil das Land früher im Besitz eines Nonnenhofes des Klosters Kirschgarten in Worms war.

Kuhns Wein reift in Barrique-Fässern, was sehr gut zu der Traube passt. Sein St. Laurent hat eine sehr burgundische Struktur und weist das typische Aroma nach Schwarzkirschen und Holunderbeeren auf. Dazu kommt eine feine Haselnussnote, Sanddorn und der Duft von Pflaumenkuchen, frisch aus dem Ofen. Er hat Biss und eine knackige Säure – höchste St.-Laurent-Kunst! Und diese Kunst kann wunderbar auf der Flasche heranreifen.

Philipp Kuhn hat viele herausragende Weine im Programm, rot wie weiß. Ein anonymer Wein ist auch darunter. Beim Cuvée »Incognito« verrät er nämlich nicht, welche nationalen und internationalen Rebsorten darin stecken. Ein Wein für Ratefüchse.

Weingut Philipp Kuhn | Großkarlbacher Straße 20 | 67229 Laumersheim / Pfalz | Tel. 06238 / 656 | www.weingut-philipp-kuhn.de | info@weingut-Philipp-Kuhn.de

PHILIPP KUHN

SAINT LAURENT
‹RÉSERVE›

PFALZ

72 Scheus Liebling

Haardter Mandelring Scheurebe Spätlese fruchtsüß •••

Die Historie der Scheurebe selbst ist nicht besonders idyllisch. Als einzige Sorte weltweit musste sie entnazifiziert werden. Georg Scheu hatte seine ursprünglich »Sämling 88« genannte Züchtung in den 1930er Jahren in Dr.-Wagner-Rebe umgetauft – nach dem einflussreichen Landesbauernführer, der die Mittel für Scheus Institut bewilligte. 1947 wollte ein Sortenausschuss die Rebe dann »Scheus Liebling« nennen. Aber Scheu wusste, dass sein Name im Rheinhessischen »Schei« ausgesprochen wurde – und verhinderte Schlimmeres … Ein Fehler unterlief ihm dagegen bei der Bestimmung der Elternschaft. Scheu, damals Leiter der Landesanstalt für Rebzüchtung in Alzey, kreuzte die Rebe 1916 aus Riesling und Silvaner. Dachte er zumindest. Doch die Natur hat Rebenzüchter schon mehrfach überlistet, auch hier. Es war kein Silvaner, der sich dort mit dem edlen Riesling kreuzte, sondern eine unbekannte Wildrebe. Keine arrangierte Verbindung, sondern eine echte Liebesheirat also.

Heute gilt die Rebe als Deutschlands Antwort auf den Sauvignon Blanc, denn in der Aromatik ähneln sich die beiden aromastarken Rebsorten durchaus. Die nach Stachelbeere und Cassis duftenden Scheureben werden grün geerntet, erst mit weiterer Stockreife entstehen Grapefruit- und Ananas-Aromen. Und wenn man Pech hat, riechen sie, nun ja, nach Katzenurin. Doch wer heute noch Scheurebe im Weinberg stehen hat, gibt sich in der Regel viel Mühe damit.

Wie Martin Franzen vom Weingut Müller-Catoir in Haardt. Zwar sind die Weinberge des Betriebes zu 60 Prozent mit Riesling bestockt, doch sind es gerade die Raritäten der Bukett-Rebsorten, Rieslaner, Scheurebe und Muskateller, mit denen man glänzen kann wie nur wenige andere. Seine »Scheu«-Spätlese duftet hochfein nach Cassis, ist in der Aromatik jedoch gediegen, nicht laut, sondern subtil, fast aristokratisch und perfekt in der Süße ausbalanciert. Mit der Reife entwickelt der Wein fast keine Firne, sondern eine wunderbare Schokoladen- und Malz-Aromatik. Die Farbe wird sehr reif und golden. Gut, dass diese Rebe entnazifiziert wurde.

Weingut Müller-Catoir | Mandelring 25 | 67433 Neustadt-Haardt |
Tel. 06321/2815 | www.mueller-catoir.de | weingut@mueller-catoir.de

ingut   Haardt/

Müller-Catoir

Mandelring Scheurebe Spätlese

73__ Weingut mit Sarg

Ungesteiner Gewürztraminer Spätlese trocken •

Das Weingut Pfeffingen ist eine Legende in Sachen Scheurebe, nirgendwo sonst findet sich eine solche Phalanx an Spitzenweinen aus dieser Rebsorte, sogar als Sekt glänzt sie hier – doch mit dem Gewürztraminer weiß man hier genauso gut umzugehen. Und man schafft in beeindruckender Regelmäßigkeit ein kleines vinologisches Wunder: einen trockenen Gewürztraminer in perfekter Harmonie. Zumeist sind diese Weine nämlich bitter, weswegen Winzer ja auch Restsüße wünschenswert finden, um diese abzumildern. Der trockene Gewürztraminer von Jan Eymael und seiner Frau Karin Lambert (nicht zu vergessen Jans Mutter Doris) ist dagegen weich und geschmeidig, unfassbar elegant, wie ein opulentes Samtkleid. Sein würziger Rosenduft ist schwer und betörend.

Dem Gewürztraminer wird häufig attestiert, dass er wegen genau dieser Rosenduftigkeit gut zu asiatischem Essen passe. Ist der Gewürztraminer allerdings süß, erschlägt er die leichten Aromen des Essens. Ist er jedoch trocken, erübrigt sich dieses Problem. Zu würzigem Käse passt er übrigens auch hervorragend.

Eines der Geheimnisse großartiger Gewürztraminer ist, dass die Rebsorte sehr hohe Ansprüche an Lage und Boden stellt. Sprich: Auf einem Kartoffelacker wird das nix. Bei der Familie Eymael stehen die Rebstöcke in besten Lagen des Bad Dürkheimer Weinortes Ungstein auf fruchtbarem Sandboden, dessen Besonderheit ein gewisser Kalkanteil ist. Die Trauben werden schonend gemahlen, um alle Aromastoffe freizusetzen. Vergoren wird der Wein in Edelstahltanks, damit die Frische erhalten bleibt. Kleine Stellschrauben, die entscheidend für das Ergebnis sind.

Aber nicht nur für Freunde von Scheureben, Gewürztraminer oder Rieslingen ist das Gut eine Reise wert – sondern auch für Archäologen. Als man 1970 die Gebäude des Weinguts vergrößern wollte, kamen 17 Steinsärge, Platten- und Erdgräber aus allen Epochen – von der Römerzeit bis ins 19. Jahrhundert – zutage. Heute noch künden Steinsarkophage im Gutshof von diesem spektakulären Fund.

Weingut Pfeffingen | Pfeffingen 2 | 67098 Bad Dürkheim | Tel. 06322/8607 |
www.pfeffingen.de | info@pfeffingen.de

74__ Ohne Make-up
Muskateller Kabinett trocken ••

Abteilung: Persönlicher Lieblingswein. Kein Sommer ohne diesen Muskateller. Ich weiß noch, welche Offenbarung der erste Schluck dieses Weines war, wie unerwartet und überzeugend. Muskateller wird meist fruchtsüß ausgebaut. Dieser ist trocken – und zwar richtig. Er ist leicht, würzig, duftig und knackfrisch. Oft schon habe ich eine Flasche davon mit in andere Weinländer genommen, um zu sehen, wie dortigen Winzern der Mund nach dem Genuss des trockenen Muskatellers von Rebholz offen steht.

Rebholz-Weine wirken immer ungemein präzise. Und wie Naturschönheiten. Null Make-up, und trotzdem schlagen sie jede Miss World aus dem Feld. An ihnen ist auch nichts süßlich. Der Name Rebholz steht seit Jahrzehnten für kompromisslos durchgegorene Weine, für straffe Säure und etwas, das Autofans als Grip bezeichnen. Neben einer würzigen Muskatnote duftet der Wein auch nach Cassis. Und obwohl dies alles so präsent im Bukett strahlt, ist es doch dezent, oder, und da sind wir wieder beim Rebholz'schen Typus, natürlich. Manche sagen auch: ehrlich.

Das Weingut selbst spricht von Natur-Wein, oder dem »Typ Rebholz«. Zurückgeführt wird dieser auf Eduard Rebholz (1889–1966), der als »Ökonomierat« von sich reden machte. Dem studierten Forstmann gefiel der deutsche Weinstil zu seiner Zeit überhaupt nicht, auf denaturierten Böden gewachsen und künstlich gesüßt. Er beherzigte damals schon die Maxime, die man heute von jedem Spitzenwinzer zu hören bekommt: Die Qualität entsteht im Weinberg, nicht im Keller.

So konsequent wie unter dem jetzigen Herrn des Weinguts, Hans-Jörg Rebholz, wurde diese Philosophie jedoch nie zuvor umgesetzt. Seit 2005 bewirtschaftet er seine Weinberge nach ökologischen Richtlinien, also Verzicht auf Herbizide, chemisch-synthetische Fungizide und Mineraldünger. Doch schon vorher hatte er es mit seinen Weinen in die absolute deutsche Winzerelite geschafft. Seine Burgunder und Rieslinge sind Kult und unnachahmlich in ihrer Art.

Weingut Ökonomierat Rebholz | Weinstraße 54 | 76833 Siebeldingen | Tel. 06345/3439 | www.oekonomierat-rebholz.de | wein@oekonomierat-rebholz.de

75__ Ein Syrah, sie zu binden …
Syrah trocken •••••

Die schlechte Nachricht zuerst: Dieser Wein hat seinen Preis. Wahrscheinlich sprengt er schon kurz nach Erscheinen dieses Buches die Grenze von 25 Euro. Und trotzdem ist er drin, denn für einen wirklich guten deutschen Syrah zahlt man entsprechend Geld. Fritz Waßmer, Ziereisen und Knipser gelten als echte Könner auf diesem Gebiet – und eben Rings. Sein Syrah sollte allerdings besser Shiraz heißen, denn so nennen vor allem die Australier ihre Weine aus der Rhone-Traube. Rings' Syrah schmeckt, als stamme er von Down Under. Und ist damit nichts für Weicheier und Warmduscher. Dieser Syrah hat viel Alkohol, viel Süße (nicht vom Restzucker, sondern vom Extrakt), viel Wumms. Er duftet und schmeckt nach weißem Pfeffer, Creme de Cassis und 70-prozentiger Schokolade. Hätte er keine Säure, würde er umfallen wie ein übergewichtiger Elefant, so aber ist er ein Naturspektakel.

Die Trauben wachsen in der Lage Freinsheimer Schwarzes Kreuz, die eher unspektakulären sandigen Kies und Sandsteingeröll zu bieten hat. Dazu kommt, dass die Rebstöcke noch relativ jung sind – und trotzdem ist der Wein so gut. Und dürfte sogar jedes Jahr, zumindest, wenn die Witterung es zulässt, immer besser werden. Denn nicht nur die Rebstöcke werden älter und wurzeln tiefer, sondern auch die jungen Winzer Andreas und Steffen Rings. Die Brüder übernahmen das Gut von ihrem Vater Willi, der zum Großteil Fasswein verkaufte. Mit ihren Rotweinen sind sie in Deutschlands Spitze angekommen, neben Syrah auch mit St. Laurent und ihren Cuvées. Aber auch die Weißweine sind stark. Dieses Weingut ist schon mehr als ein aufgehender Stern. Eher eine Supernova im Werden. Und ein Betrieb für Fantasy-Fans. Das Weingutszeichen sieht nämlich ein bisschen aus wie »Der Eine Ring« aus Tolkiens »Herr der Ringe«: »Ein Ring, sie zu knechten, sie alle zu finden, ins Dunkel zu treiben und ewig zu binden« steht auf diesem. Dunkel ist der Shiraz, alle Weingenießer finden und ewig binden könnte er auch – knechten zum Glück nicht. So viel Werktreue ist aber auch gar nicht nötig …

Weingut Rings | Dürkheimer Hohl 21 | 67251 Freinsheim | Tel. 06353/2231 | www.weingut-rings.de | info@weingut-rings.de

76__ Ein PiWi

Regent trocken •

Sie war einst die große Hoffnung des Bioweinbaus: 1967 züchtete Gerhardt Alleweldt am Institut für Rebenzüchtung Geilweilerhof in der Südpfalz aus Diana (einer Kreuzung von Silvaner und Müller-Thurgau) sowie Chambourcin eine Rebsorte namens Regent, die resistent gegen Pilzkrankheiten war. Spritzen unnötig.

Dachte man zumindest. War aber dann doch nicht so.

Regent ist widerstandsfähiger, aber resistent leider nicht. Deswegen zählt sie nun auch »nur« zu den PiWis, den pilzwiderstandsfähigen Rebsorten.

Offiziell zugelassen wurde sie in Deutschland erst 1995 – das Weingut Egon Schmitt in Bad Dürkheim hatte da schon vier Jahre Erfahrung mit der Rebe. Es hatte diese im Versuchsanbau. Kurz gesagt: Kaum jemand hat mehr Erfahrung mit Regent als dieses Weingut. Das schmeckt man. Die Rebe ist nicht einfach, weist manchmal einen sogenannten Fuchs-Ton auf. Wird der Wein im Barrique-Fass ausgebaut, wird dieser jedoch harmonisch eingebunden. Die Röstaromen des Holzes geben dem Wein zudem Struktur. Die Schmitts verwenden amerikanische und französische Eiche und lagern den Regent darin ein gutes Jahr. Der Wein duftet nach Pflaume, Lorbeer und Buchsbaum. Am Gaumen ist er herrlich fruchtig, mit leckerer Fruchtsüße. Und er ist dunkel wie die Nacht. Was daran liegt, dass Regent deutlich mehr Rotweinfarbstoff Malvidin enthält als nahezu alle anderen roten Rebsorten. Deshalb wird er auch gern als Cuvéepartner für Rebsorten verwendet, denen es an Farbe fehlt.

Heute gilt der Regent als südländischer Weintyp, zum einen wegen seiner dunklen Farbe, aber auch wegen seiner würzigen Aromatik und wegen seiner kräftigen Gerbstoffe. All das findet man aufs Beste in dem südländischen Pfälzer der Schmitts. Die Weinberge von Egon und Sohn Jochen Schmitt sind übrigens zu rund 50 Prozent mit roten Rebsorten bestückt, darunter Exoten wie Lagrein und Dunkelfelder. Und mit ihren Rotweinen »Thor« und »Duca XI« erzeugen sie zwei der überzeugendsten Cuvées Deutschlands.

Weingut Egon Schmitt | Am Neuberg 6 | 67098 Bad Dürkheim |
Tel. 06322/5830 | www.weingut-egon-schmitt.de | info@weingut-egon-schmitt.de

SCHMITT

BAD DÜRKHEIM

Regent

Rotwein trocken

77 — Neues aus Newenstatt

Mußbacher Kurfürst Gänsfüßer trocken ••

Vor 500 Jahren war der Gänsfüßer die berühmteste Rebsorte der Pfalz. Ihren Namen erhielt sie wegen ihrer an Gänsefüße erinnernden tiefgebuchteten fünflappigen Blätter. Kurfürst Johann Casimir ordnete 1584 gar an, dass kein Weinberg davon ausgehauen werden durfte – es sei denn, ein neuer Gänsfüßer-Weinberg würde gepflanzt. Doch die Rebsorte war unsicher im Ertrag und enorm starkwüchsig, geradezu baumähnlich, was in Weinbergen unerwünscht ist. Und so verschwand sie peu à peu und geriet in Vergessenheit. Gerade einmal zwei Weinberge gibt es heute wieder damit, ein Tropfen im Weinmeer.

Das Staatsweingut mit Johannitergut nahm sich der Rebsorte an und pflanzte sie im Versuchsanbau. Grund ist der Botaniker Hieronymus Bock. In der 1546er Auflage seines »Kreütterbuchs« erwähnt er den »Genssfüsel« mit der Ortsangabe »Newenstatt« – gemeint war Neustadt in der Pfalz. 2005 füllte das Gut erstmals wieder einen Gänsfüßer, aus der Lage Mußbacher Kurfürst. Passenderweise ist Mußbach ein Ortsteil von Neustadt.

Der Wein ist außergewöhnlich und mit keiner anderen deutschen Rebsorte zu vergleichen. Er ist niedrig im Alkohol, jedoch hoch, was Gerbstoffe und Säure betrifft. Sein Aromenspektrum ist nicht groß, doch die süße Herzkirsche im Bukett und am Gaumen ist köstlich und erinnert ein bisschen an »Mon Chéri« – wenn auch bei Weitem nicht so süß. Man fragt sich unweigerlich, warum sonst nur noch der »Arbeitskreis Römisches Weingut Weilberg« in Ungstein diese Rebsorte anpflanzt. Sie hätte mehr Aufmerksamkeit verdient.

Für alle, die zufällig mal in der Pfalz sein sollten: Staatsweingut mit Johannitergut klingt idyllisch, dahinter steckt aber eines der unansehnlichsten Weingüter Deutschlands. Untergebracht ist der Betrieb nämlich im Dienstleistungszentrum Ländlicher Raum – zu sehen, wenn man sich auf der Autobahn Neustadt nähert und auf der Bahnbrücke nach Mußbach fährt. Wie gut, dass man so etwas Weinen nie anmerkt …

Staatsweingut mit Johannitergut | Breitenweg 71 |
67435 Neustadt-Mußbach a.d.Weinstraße | Tel. 06321/6710 (Zentrale) |
www.staatsweingut-johannitergut.de | staatsweingut-neustadt@dlr.rlp.de

78__ Ein ganz Süßer

Muskateller Sekt Demi Sec •

Einfach kann jeder. Deswegen bedeutet die Geschmacksrichtung »trocken« bei Wein etwas anderes als bei Schaumwein. Hier die Zahlen: Bei Wein bedeutet »trocken« höchstens neun Gramm Restzucker pro Liter – bei Schaumwein bis 35 Gramm. Als Grund gibt der Gesetzgeber an, dass die Süße durch die Kohlensäure abgeschwächt wird. Ganz ehrlich: Ich finde, das geht schon in Richtung Verbrauchertäuschung. Dies sind die Schaumwein-Geschmacksrichtungen von trocken zu süß: brut zéro/brut nature, extra brut, brut, extra trocken (oder extra dry), trocken (sec/dry), halbtrocken (demi-sec), mild (doux). Alles klar? Halbtrocken ist also die zweitsüßeste Geschmacksstufe.

Unabhängig davon können halbtrockene Schaumweine klasse schmecken – doch es erfordert vom Winzer, dass er die beträchtliche Süße auszubalancieren weiß. Viele deutsche Spitzenwinzer produzieren nur trockenere Sekte. Das Weingut Stentz aus Mörzheim, dem südlichsten Stadtteil von Landau, schafft den Balanceakt mit seinem Muskateller. Er bietet eine herrlich aus dem Glas springende Muskateller-Note, dazu die feine und niemals plumpe Rosennote des Muskatellers. Die Süße ist saftig. Wunderbar passt der hocharomatische Sekt zu einer Mandelcreme mit marinierten Früchten, denen er Würze und Leichtigkeit verleiht. Wie Jürgen und Astrid Stentz das gelingt, bleibt ihr Geheimnis. Mindestens 18 Monate ruhen ihre Sekte und werden handgerüttelt, bevor sie degorgiert und verkauft werden.

Untergebracht ist das Weingut in einem denkmalgeschützten Anwesen, einer ehemaligen Wagnerei (Handwerksbetrieb, der vorwiegend Räder und Wagen aus Holz herstellt). 18 Rebsorten haben sie im Anbau, eine ganze Menge, mit der jede Nische bedient werden soll. Bekannt sind sie für fruchtstarke, reintönige Weine – wie den Muskateller Sekt.

Gemeinsam mit Nicole Graeber vom Weingut Peter Graeber aus Edenkoben gründete Astrid Stentz das Projekt »edel & süß«. Hier kombiniert sie Wein mit Schokolade, veranstaltet vinophile Events und Seminare. Und ein Gästehaus hat die Familie auch noch.

Weingut Stentz | Mörzheimer Hauptstraße 47 | 76829 Landau | Tel. 06341/30121 | www.stentz.de/ | info@stentz.de

79__Der Empire State Portugieser

Portugieser Reserve »HW 1931« •••••

Dreimal in zehn Jahren? Das ist nicht die Zahl der Rettungspakete für Griechenland, sondern die Anzahl der Jahrgänge, in denen die Portugieser-Trauben dem Team vom Weingut Wageck gut genug für einen Reserve waren – ansonsten wandern sie in die »Cuvée Luise«.

Der Ertrag liegt bei ruinösen 18 bis 21 Hektolitern pro Hektar. Benannt ist dieser außergewöhnlich dichte, komplexe, ungemein saftige und lange Portugieser nach dem Vorfahren Heinrich Wageck. 1931 ist das Pflanzjahr der wurzelechten Stöcke. Ein unfiltrierter Hammerwein, der zeigt, was mit Portugieser möglich ist, wenn er feinfühlig im Barrique ausgebaut wird, und alles, aber wirklich alles, stimmt. Vor allem das Können des Winzers.

Normalerweise ist Portugieser dünn, hat wenig Alkohol, wenig Gerbstoffe, wenig Farbe, und reift schlecht. Bei Frank und Thomas Pfaffmanns Portugieser kann man das alles völlig vergessen. Vollmundig, herrlich rund wie eine Barockschönheit, kräuterduftig, mit faszinierender mineralischer Tiefe, die man der Rebe gar nicht zutraut.

Der Portugieser stammt trotz seines Namens wahrscheinlich nicht aus Portugal. Ursprünglich glaubte man, dass er von dort über Österreich nach Deutschland gelangte.

Das Problem ist nur: In Portugal ist die Rebsorte total unbekannt, im ganzen Donauraum aber verbreitet. Österreich gilt zurzeit als heißester Tipp als Herkunftsland. Dort, vor allem im Weinviertel, sowie in Ungarn und Rumänien ist sie weit verbreitet. Und natürlich in Deutschland, hauptsächlich in der Pfalz und in Rheinhessen. Und glücklicherweise auch bei Pfaffmanns.

Die beiden studierten Geisenheimer nennen ein richtig großes Weingut ihr Eigen (fast 50 Hektar) und haben sich auf richtig gute Qualität zum günstigen Preis spezialisiert. Viel wird im Weinberg maschinell erledigt, die Familie besitzt sogar einen Traubenvollernter. Bei der Top-Linie kommt er jedoch nicht zum Einsatz, hier wird traditionell und selektiv von Hand geerntet.

Weingut Wageck | Luitpoldstraße 1 | 67281 Bissersheim | Tel. 06359/2216 | www.wageck-pfaffmann.de | info@wageck-weine.de

WAGECK

BISSERSHE...

PORTUGIESER RÉS. 2...

1931 {UNFILTRIERT} PE...

GUTSABFÜLLUNG

80— Sonnenstrahl im Glas
Weißburgunder »Aus dem Muschelkalk – S« trocken •••

Es steht nicht auf der Flasche, doch dies ist der Zweitwein zu Dr. Wehrheims »Großem Gewächs« aus dem Birkweiler Mandelberg – und damit zu einem der alljährlich größten Weißburgunder Deutschlands. Die Reben für den »Aus dem Muschelkalk – S« sind lediglich etwas jünger und haben eine etwas andere Sonneneinstrahlung.

Der Mandelberg liegt in südlicher Richtung von Birkweiler. Nach Westen ist diese Lage gegen die natürliche Kaltluft aus dem Pfälzer Wald durch das Kienenwäldchen geschützt, einen mit Edelkastanien bepflanzten Berg. Nach Osten öffnet sich der Mandelberg in Richtung Rheinebene. In dieser Lage besitzen die Wehrheims (ein echter Familienbetrieb, drei Generationen, die zusammen leben und arbeiten) zwei Parzellen mit einer Gesamtfläche von einem Hektar, die ausschließlich mit Weißem Burgunder bepflanzt sind. Der schwere Muschelkalkboden besteht aus steinigem Lehm bis Ton, mit kleinen und größeren Kalksteinen durchsetzt. Die Steine speichern einerseits die Tageswärme, um sie in der Nacht abzugeben, andererseits sind diese Kalksteine für den hohen freien Kalkanteil im Boden verantwortlich. Ähnlich kommt er im Burgund und in der Champagne vor, eine ideale Voraussetzung für den Anbau der Weißen Burgundersorten.

Der Mandelberg liegt auf 270 bis 280 Meter und damit sehr hoch für die Pfalz. Die Reife ist dadurch zeitversetzt, in der Regel zehn Tage nach den Deidesheimer Lagen. Laut Winzer Karl-Heinz Wehrheim bleiben die Trauben dadurch länger gesund, und der Wein von hier hat stets eine pikante Säure. Dem kann man nur zustimmen. Der Wein ist dadurch einer der rieslingartigsten Weißburgunder des Landes. Zudem produzieren die Wehrheims fast immer die trockensten »Großen Gewächse« in der Pfalz. Der »Muschelkalk – S« ist überaus präzise und geradlinig in seiner Aromatik, wie ein Sonnenstrahl, der sich im Glas bricht, er ist feincremig in der Mitte und bietet eine herrlich französisch-burgundische Art mit feiner Rauchnote, ist leicht floral (weißer Flieder und Lilie) mit herrlich viel Weißem Holunder. Muss man einfach getrunken haben.

Weingut Dr. Wehrheim | Weinstraße 8 | 76831 Birkweiler | Tel. 06345/3542 | www.weingut-wehrheim.de | dr.wehrheim@t-online.de

WEINGUT
DR. WEHRHEIM

BIRKWEILER
WEISSER BURGUNDER
MUSCHELKALK

81___Guglhupf-Sekt

Siebeldinger Königsgarten Spätburgunder Rosé-Sekt Brut ••

Rosé ist voll im Trend und der Wilhelmshof einer der besten Sekterzeuger Deutschlands – schon seit etlichen Jahren. Hier weiß man genau, was man macht, Qualität ist kein Zufall. Den Grundstein legten Christa Roth-Jung und Herbert Roth, die Sekt produzieren wollten, der es mit Champagnern aufnehmen kann. Mission impossible? Mission gelungen. Mittlerweile ist die nächste Generation ins Weingut eingestiegen: Barbara Roth und Thorsten Ochocki. Dank ihnen gibt es nun das kraftvolle Sekt-Cuvée Pinot B., aber auch einen Silvaner-Sekt, dessen Trauben Ochocki aus seiner Heimat Franken vom elterlichen Weingut holt.

Für ihren lachsfarbenen Rosé-Sekt lassen sie gesunde und reife Spätburgundertrauben während einer Kontaktzeit von wenigen Stunden in der Weinpresse ihre feinen Aromen und zarten Farbstoffe an den Wein abgeben. Die Trauben werden als Ganzes gepresst und nach klassischer Methode einer zweiten Gärung in der Flasche unterzogen, wo der Sekt 15 Monate auf der Hefe reift. Klassisches Champagner-Verfahren. Das Ergebnis: ein feiner und eleganter, perfekt austarierter Rosé-Sekt, für den das Wort Noblesse erfunden wurde. Man schmeckt die hochwertigen Spätburgundertrauben. Er ist nicht zu schwer, sondern erfrischend, ist nicht zu weinig (was man leider häufig bei Rosé-Sekten hat), sondern immer ein animierender Prickler mit Aromen von Erdbeeren, Kirsch und Rhabarber – von einem 3-Sterne-Koch mit ofenfrischer Butterbrioche vermählt.

Die Roths sind eine sehr kulinarische Familie, die sich immer fragt, wozu ihre Weine (tolle Rieslinge, Burgunder und Rotweine) und Sekte passen. Zum Rosé-Sekt empfehlen sie gebeizten Lachs oder mit Honigsenf marinierte Räucherlachsstreifen, Mutige probieren ihn auch zur Brokkolicremesuppe mit Dill.

Und ganz praktisch: Auf ihrer Homepage kann man sich das Rezept für den Wilhelmshof-Guglhupf herunterladen, der »durch seine neutrale, schwach gesüßte Art bestens die Sekte ergänzt«. Und? Stimmt! Glaubt einem keiner, ist aber so.

Weingut Wilhelmshof | Queichstraße. 1 | 76833 Siebeldingen | Tel. 06345/919147 | www.wilhelmshof.de | mail@wilhelmshof.de

Rheingau

Der Rheingau ist eine der legendärsten deutschen Weinregionen. Er liegt am Fuße des Taunus und überblickt den Rhein – fast durchgehend in perfekter Südlage. Auch Hochheim (dessen Wein die englische Königin Viktoria besonders schätzte), das östlich von Wiesbaden am Main liegt, sowie Assmannshausen und Lorch im Mittelrheintal zählen zum Gebiet.

Der Rheingau ist berühmt, doch mit rund 3.100 Hektar Rebfläche von überschaubarer Größe. Zwei Rebsorten dominieren die Weinberge: Riesling und Spätburgunder. Die Weine der Region gelten als besonders elegant und fein balanciert.

Zwei Legenden sind die Stützpfeiler der Rheingauer Weinhistorie. Die erste dreht sich um Karl den Großen. Er schaute im Frühling von seiner Pfalz in Ingelheim über den Rhein, und dabei fiel ihm auf, dass der Schnee am Johannisberg viel früher schmolz als anderswo. Prompt beschloss er, dort Reben anzubauen.

Legende Nummer zwei wird noch lieber erzählt: Schloss Johannisberg gehörte früher dem Fürstbischof von Fulda. Deshalb durfte erst mit der Lese begonnen werden, wenn dieser die Erlaubnis gab. 1775 brachte der reitende Bote diese aus nicht geklärten Gründen 14 Tage später als geplant. Als die Trauben endlich geerntet werden konnten, hatte sie schon die Edelfäule Botrytis befallen – dass diese edel war, wusste man damals allerdings noch nicht. Man baute den Wein trotz der Fäule aus und bemerkte überrascht, wie gut er schmeckte. Die Spätlese war geboren, und die Legende vom Spätlesereiter.

82 Mit Gottes Segen

Riesling feinherb »Pilgertrunk« •

Wenn es den heiligen Augustinus nicht gegeben hätte, müsste man ihn erfinden. Ihm haben wir nämlich folgende Zeilen zu verdanken: »In vielen Fällen braucht der Mensch den Wein. Er stärkt den schwachen Magen, erfrischt die ermatteten Kräfte, heilt Wunden an Leib und Seele und verscheucht Trübsal und Traurigkeit, verjagt die Müdigkeit der Seel, bringt Freude und entfacht unter Freunden die Lust am Gespräch.« Man könnte meinen, er sei Weinhändler gewesen!

Im Klosterweingut St. Hildegard hat man sich diese Worte zu Herzen genommen, schon seit dem Mittelalter bauen die Nonnen Wein an. Sie bieten für alle, die auf ihrer Wanderung eine Pause einlegen oder die Aussicht von der majestätisch über Rüdesheim liegenden Abtei in den Rheingau genießen, einen Pilgertrunk an.

Im Klosterladen kann man ihn gekühlt erwerben – Gläser dazu werden gerne ausgeliehen. Gleich drei Wanderwege führen am Kloster vorbei: Der »Rüdesheimer Hildegard-Weg« (er erklärt das Leben der heiligen Hildegard von Bingen), der Rheinsteig und der »Kloster-Wanderweg«.

6,5 Hektar werden bewirtschaftet, der Rebsortenspiegel könnte klassischer nicht sein: Riesling (83 Prozent) und Spätburgunder (17 Prozent). Es gibt mit Arnulf Steinheimer einen Winzermeister – und mit Schwester Thekla Baumgart eine Winzerschwester. Gemeinsam bewirtschaften sie das Weingut und keltern viele verschiedene Weine, an der Weinlese beteiligen sich möglichst viele Schwestern des Klosters. Der »Pilgertrunk« ist ihr Aushängeschild. Ein unkomplizierter, feinherber Riesling, sehr fruchtig, saftig, mit schönen Apfel- und Aprikosenaromen, leicht im Alkohol (er soll ja die weitere Wanderung nicht erschweren).

Schwester Thekla ist übrigens eine waschechte Bremerin, die erst im Kloster den Winzerberuf erlernte. Neben ihrer Arbeit im Weingut arbeitet sie auch in der Vinothek und ist zudem als Zeremoniärin für die äußeren Abläufe in der Liturgie zuständig.

Klosterweingut Abtei St. Hildegard | Klosterweg | 65385 Rüdesheim | Tel. 06722/499130 | www.abtei-st-hildegard.de | weingut@abtei-st-hildegard.de

Abtei St. Hildegard

Pilgertrunk

Rheingau · Riesling

83 Steile Sache

Riesling »Terra Montosa« •••

Auch im deutschen Weinbau gibt es ein Frolleinwunder. Und wann immer Journalisten auf der Suche nach ebenso hübschen wie talentierten jungen Winzerinnen sind, landen sie über kurz oder lang bei Theresa Breuer. Sie musste das Weingut übernehmen, als ihr Vater Bernhard Breuer 2004 viel zu früh verstarb.

Er war eine Legende, ein Weinpapst, einer der wenigen Visionäre im deutschen Weinbau. Er dachte über die Bedeutung von Lagen nach, als alle auf Öchslegrade schielten, und baute seinen Riesling mutig trocken und leicht aus, als zuerst die süße und dann die alkoholische Welle durch Weindeutschland schwappte. Theresa führte das Weingut ganz in seinem Sinne fort. Ihre zierliche Statur sollte niemanden über die Power dieser Frau täuschen.

Das große Thema bei Breuers ist lagerfähiger, trockener Riesling. Und zwar leichter. Ein Höchstmaß an Komplexität bei einem Minimum an Alkohol. Man war nicht nur Vorreiter in diesem Stil, sondern lange Zeit nahezu allein. Die Rieslinge des Hauses sind schlank, geschliffen, mineralisch, duften nach Zitrus, hellem Pfirsich und Sommerwiese.

Auch der »Terra Montosa« – übersetzt: steile Erde. Von solcher stammen nämlich die Trauben. Aus den besten Lagen des Gutes. Die allerbesten Trauben landen in den Einzellagen-Rieslingen. Die zweitbesten kommen in den deutlich günstigeren »Terra Montosa« (der Name stammt aus der ersten Erwähnung von Rebpflanzungen im Rüdesheimer Berg in einer lateinischen Urkunde aus dem Jahr 1074). En Riesling-Cuvée mit Trauben aus den legendären Rüdesheimer Spitzenlagen Berg Roseneck, Berg Schlossberg und Berg Rottland und aus dem Rauenthaler Nonnenberg. Das heißt: Trauben von tiefgründigen Phyllitböden, Lehmböden wie auch Quarzschiefer. Das bringt große Komplexität in den Wein, der phantastischen Trinkfluss hat. Kaufen Sie niemals nur eine Flasche davon. Sie werden immer eine zweite brauchen. Mindestens.

Weingut Georg Breuer | Geisenheimer Straße 9 | 65385 Rüdesheim |
Tel. 06722/1027 | www.georg-breuer.de | info@georg-breuer.com

GEORG BREUER

Terra Montosa

RHEINGAU

84__ Ein vergessener Star
Verjus •

Das Wichtigste zuerst: Verjus (»wärschü« ausgesprochen) ist kein Wein. Der Inhalt der Flasche hat keinen Alkohol, nichts wurde vergoren. Aber es wurde aus Trauben hergestellt – allerdings unreifen Trauben. Und zwar extra. Der Name stammt vom mittelfranzösischen »Vertjus« ab, was Grünsaft bedeutet.

Wofür das gut sein soll?

Zum Beispiel für Salatsaucen. Oder als Basis für Gemüsecocktails. Zum Abschmecken von Desserts. Überall da, wo man sonst Zitronensaft oder Essig benutzt. Man kann ihn natürlich auch trinken, um wach zu werden – denn die Säure ist zwar milder als die von Essig, aber immer noch heftig. Ein Spritzer ins Mineralwasser gibt diesem einen richtigen Kick.

Lange Zeit war der Verjus verschwunden, was wir den Kreuzfahrern zu verdanken haben, die Zitronen nach Europa brachten. Vorher war Verjus weitverbreitet und das seit Jahrhunderten. Es gibt Belege aus der Antike, und im Mittelalter schwor man auf seine beruhigende Wirkung für den Verdauungstrakt. Verjus war ein Star in der Küche.

Seine Herstellung ist denkbar einfach: unreife Trauben lesen und auspressen. Früher gab man dann Salz dazu, heute pasteurisiert und filtriert man das Ergebnis. Fertig. Das innovative Weingut Koegler produziert einen idealtypischen Verjus im Rheingau. Es kultiviert auch die in Deutschland seltenen Rebsorten Grüner Veltliner und Blauer Zweigelt – aber Salatsaucen anrühren kann man mit den daraus gewonnenen Weinen halt nicht.

Wenn Sie mal im Rheingau sind, werden Sie wenig schönere Unterkünfte finden als die zehn Zimmer im Weinhotel der Familie im 1420 erbauten Weingut Hof Bechtermünz. Unter der Leitung von Johannes Gutenberg wurde hier 1467 einer der bedeutendsten Frühdrucke geschaffen: »Vocabularius Ex Quo«, das älteste Wörterbuch der Welt. Geschichtsträchtigen Mauern! Und ein Gutsausschank samt Rosengarten gehört auch dazu. Es gibt Handkäs und mehr.

Weingut J. Koegler | Kirchgasse 5 | 65343 Eltville | Tel. 06123/2437 |
www.weingut-koegler.de | info@weingut-koegler.de

85 Entspannungstechnik

Riesling »Landgeflecht« trocken •••

Die Geschichte von Winzer Peter Jakob Kühn erinnert ein wenig an die von Saulus, der zu Paulus wurde. Er fand jedoch nicht von den falschen römischen Göttern zu Gott, sondern vom konventionellen zum biodynamischen Weinbau – und vertritt diesen seitdem vehement. Und um den Vergleich mit Paulus noch ein wenig weiterzutreiben: Auch Peter Jakob Kühn hat Anhänger, die seiner Weltsicht folgen.

Okay, es reicht mit der Analogie, es geht schließlich um den Wein.

Und Peter Jakob Kühn ist ein absoluter Spitzenwinzer, er keltert allseits hochgeschätzte edelsüße Rieslingkreszenzen. Und seine trockenen Rieslinge sind faszinierende Persönlichkeiten, die hervorragend reifen, aber sehr eigenwillig, sehr speziell sind und deshalb auch nicht jedem Weingenießer auf Anhieb gefallen.

Mir dagegen sehr. Vor allem den kraftvollen, würzig-intensiven »Riesling Landgeflecht« schätze ich. Er stammt aus zwei Parzellen im Oestricher Doosberg. »Landgeflecht« ist kein Phantasiename, sondern verweist auf einen alten Katasterlagennamen in dem Weinberg. Einmal reinriechen reicht nicht, zweimal ist auch zu wenig. Man muss sich Zeit nehmen, der Wein fordert sie ein, muss erst atmen können, bevor er zu leben beginnt und langsam erblüht. Man muss sich mit ihm beschäftigen, ohne Hektik. Klingt kompliziert, ist aber faszinierend.

Peter Jakob Kühns Rieslinge besitzen deutlich mehr Phenole und Gerbstoffe, die man sonst eher von Rotweinen kennt. Ihre Struktur erinnert in ihrer feincremigen Mineralität an Chardonnays aus der Bourgogne. Sie ruhen in sich, nichts scheint hier vom Winzer erzwungen worden zu sein. Sie strahlen trotz ihrer mineralischen Struktur Gelassenheit aus. Und ihr Duft spiegelt mehr die erdigen Aromen des Bodens als die Fruchtaromen der Rebsorte.

Noch außergewöhnlicher ist ein Wein, den Peter Jakob Kühn in riesigen georgischen Amphoren, sogenannten Kvevris, ausbaut. Dieser Wein ist noch extremer in seiner Aromatik. Nur für streng Gläubige also. Und alle, die sich mal bekehren lassen wollen.

Weingut Peter Jakob Kühn | Mühlstraße 70 | 65375 Oestrich-Winkel | Tel. 06723/2299 | www.weingutpjkuehn.de | info@WeingutPJKuehn.de

86 Deutsche Rothaut
Roter Riesling trocken ••

Der Rote Riesling ist vermutlich die Mutter aller Rieslinge. »Der heute vorherrschende Weiße Riesling hat sich aus blauen und roten Formen entwickelt«, erklärt Professor Rühl, Leiter des Fachgebiets Rebenzüchtung und Rebenveredlung an der weltweit renommierten Forschungsanstalt Geisenheim. »Der Rote Riesling ist wohl über Jahrhunderte immer mit dem Weißen mitgelaufen. Das heißt, es war immer ein gewisser Anteil roter Trauben darunter, da hat sich nie einer etwas bei gedacht.« Andreas Jung vom »Büro für Rebsortenkunde und Klonselektion« nennt 1824 als das Jahr, in dem die Rebsorte erstmalig eindeutig in der Literatur genannt wird. »Man muss dabei sehr vorsichtig sein. Roter Riesling wurde im Rheingau als Synonym für fast alle Rebsorten gebraucht, die dunkle Reben hatten. So verbergen sich hinter einigen Nennungen der Traminer und der Rote Hans.«

Wer heute Roten Riesling im Glas hat, kann davon ausgehen, dass es die richtige Rothaut ist (aber keine, die dunkel genug ist, um daraus Rotwein keltern zu können). Er fällt stets ein wenig kräftiger und körperreicher aus als sein weißer Verwandter. Manch einer meint gar, rote Fruchtaromen wie Walderdbeere und roten Pfirsich im Aromenspektrum ausmachen zu können – doch insgesamt ähnelt er seinem Nachfahren im Duft sehr. Fred Prinz, der früher in der Hessischen Staatsdomäne tätig war und dessen Weingut es in seiner jetzigen Form erst seit 2004 gibt, hat seine Reben der Riesling-Urahnin in der Lage Hallgartener Jungfer angepflanzt, die ihren Namen von der Heiligen Jungfrau Maria entlehnt hat. Fred Prinz ist einer der wenigen Winzer, die Roten Riesling überhaupt anbauen. Bei ihm fällt er subtil in der Aromatik aus, schmelzig am Gaumen (Vanillecreme) mit feinem Säurespiel. Ein extrem feiner, gediegener Wein, für alle, die Räume mit wenigen, dafür aber teuren Möbeln schätzen. Fred Prinz ist bekannt für sehr konstante Qualität, bei ihm gibt es keine Ausfälle nach unten, auch nicht in schwierigen Jahren. Eine gute Heimat also für die Vorfahrin von Deutschlands berühmtester Rebsorte.

Weingut Prinz | Im Flachsgarten 5 | 65375 Hallgarten | Tel. 06723/999847 | www.prinz-wein.de | Info@Prinz-Wein.de

87__ Orange is the new black
Pinot Blanc trocken (Orange Wine) ••••

Orangene Weine? Ja, ist färben denn erlaubt? Nein, aber Wein anders zu machen als in den letzten Jahrzehnten. Orangefarbene Weine erhält man dann, wenn weiße Trauben wie rote vergoren werden. Insofern ist der Orange Wein das Gegenstück zum Blanc de Noirs (bei dem rote Trauben wie weiße verarbeitet werden). Also: Vergärung mit Beerenschalen (Maischegärung), dadurch werden sowohl Gerb- als auch Farbstoffe aus den Beerenhäuten gelöst. Im Ergebnis ist der Wein dann zwar nicht immer strahlend orange, aber doch zumindest von dunklem Gelb. Kein Wunder, dass Orange Wein deshalb als vierte Weinfarbe neben Rot, Weiß und Rosé gilt.

Er ist, um es mal akademisch auszudrücken, der absolut heiße Scheiß der Weinszene. Obwohl diese Art der Vinifikation uralt ist (und in Georgien und Armenien bis heute angewandt wird), hat sie in Deutschland Ewigkeiten keiner mehr praktiziert. Und wie bei allem Neuen in der Weinwelt ist zu Beginn auch viel Murks unterwegs. Das ist bei Orange Weinen auch so. Etliche haben Fehltöne, da sie unsauber vinifiziert wurden.

Doch der von Tausendsassa Dirk Würtz, seines Zeichens Betriebsleiter beim Traditionsgut Balthasar Ress (und erfolgreicher Wein-Blogger) ist ganz famos. Er ist so konsequent, den Wein nicht zu filtrieren oder zu schönen – weswegen es zu Eintrübungen oder Ausfällungen im Wein kommen kann. Macht aber gar nix, denn auf der Habenseite ist der Wein komplexer. Er hat Struktur und Alkohol wie ein großer Rotwein, eine leicht oxidative Note wie ein feiner Sherry, ist nicht wie viele andere Weißweine von Säure getragen, sondern von Cremigkeit, seine üppigen Aromen strotzen vor Mandarine, Pfirsichkuchen und gerösteten Mandeln. Ganz eigen, aber eben in sich völlig schlüssig.

Übrigens ist Orange nicht mit den sogenannten »Naturweinen« zu verwechseln. Orange ist gekommen, um zu bleiben. Und bei so guten Orange Weinen muss niemand rot sehen.

Weingut Balthasar Ress | Rheinallee 50 | 65347 Hattenheim | Tel. 06723/91950 |
www.balthasar-ress.de | info@balthasar-ress.de

88 Lieblingsfarbe: Hellblau

Kiedricher Turmberg »Erste Lage« Riesling trocken ••••

Bekannt und berühmt ist das Weingut für seine frucht- und edelsüßen Weine, die auf Auktionen Rekordsummen einbringen. Die meisten stammen vom legendären Kiedricher Gräfenberg – der einzigen Lage weltweit, in der seit 1989 ohne Unterbrechung alle Qualitätsstufen bis zur Trockenbeerenauslese geerntet werden konnten. Ende des 12. Jahrhunderts wurde der Weinberg erstmals, damals als »mons Rhingravii«, der Berg des Rheingrafen, erwähnt. Er ist ein Ausläufer des Taunusgebirges und südwestlich exponiert. Über diese Preziosen wird manchmal vergessen, wie gut hier die anderen Weinberge sind. Der Lagename Turmberg leitet sich vom erhaltenen Bergfried der ehemaligen Burg Scharfenstein ab. Die frühere Spitzenlage war lange in Vergessenheit geraten und wurde vor einigen Jahren »reanimiert«. Gott sei Dank! Denn die Weine von hier sind herrlich filigran und frisch-animierend.

Günstig im klassischen Sinne ist dieser Wein wahrlich nicht, aber Legenden haben ihren Preis – fragen Sie mal im Bordelais. Und in diesen Kategorien muss man denken, denn Weil ist eine Weltmarke, eines der wenigen internationalen Aushängeschilder des deutschen Weinbaus. Da passt es, dass der japanische Konzern Suntory Hauptinhaber des Weil'schen Guts ist, aber auch Gutsdirektor Wilhelm Weil gehört ein Stück vom Kuchen dieses Riesenguts (75 Hektar). Dessen Etiketten sind schon eine Marke für sich. Telekom hat Magenta, Weil Hellblau.

Den Grundstein für den heutigen Erfolg legte Gründer Dr. Robert Weil 1875. Eigentlich war er Professor für Deutsch an der berühmten Sorbonne in Paris, vor dem Deutsch-Französischen-Krieg 1870/1871 verließ er Frankreich jedoch und ließ sich in der Nähe seines Bruders August Weil nieder, damals Pfarrer in Kiedrich. Dr. Robert Weil kaufte die Villa des englischen Baronets Sir John Sutton, die bis heute Stammhaus der Familie ist, und damit auch von Urenkel Wilhelm Weil, einem Großen des deutschen Weinbaus. Nicht nur wegen seiner Weine, sondern auch wegen seiner Persönlichkeit. Ein englischer Gentleman, wenn es denn einen unter Deutschlands Winzern gibt.

Weingut Robert Weil | Mühlberg 5 | 65399 Kiedrich/Rheingau | Tel. 06123/2308 | www.weingut-robert-weil.com | info@weingut-robert-weil.com

Rheinhessen

Mit rund 26.500 Hektar ist Rheinhessen Deutschlands größtes Anbaugebiet, über ein Viertel aller deutschen Reben steht hier – und lange Jahre war Rheinhessen ein Synonym für Massenware und Liebfrauenmilch. Die Betonung liegt auf »war«. Galt früher nur der Rote Hang bei Nierstein als Heimat großartiger Weine, zeigten Winzer wie Klaus Peter Keller aus Flörsheim-Dalsheim und Philipp Wittmann aus Westhofen, wie gut die Weine des Wonnegaus sein können, und viele junge Winzer folgten ihrem Vorbild. Heute gilt Rheinhessen als Deutschlands dynamischstes und aufgeschlossenstes Weinbaugebiet – dementsprechend viele verschiedene Rebsorten werden angebaut. Doch was wenige wissen: Es ist auch eines der traditionsreichsten. Schon im Jahr 20 vor Christus wurde hier Wein angebaut, und der Niersteiner Glöck ist gar die älteste schriftlich belegte Weinlage des Landes.

89__Der mit der Kokosnuss
St. Laurent trocken •••

Umwege können manchmal wichtig sein. Ja, ein Umweg kann manchmal sogar der Königsweg sein. Als Kind eines Winzers will man manchmal alles im Leben werden – nur nicht Winzer. Würde man dazu gezwungen, man würde wohl ein schlechter, weil unglücklicher Weinmacher werden. Es ist besser, die Karriere der eigenen Wahl durchzuziehen. Jochen Dreissigacker (Jahrgang 1981) hat dies mit seiner Ausbildung zum Steuerfachgehilfen getan.

Danach wusste er, was er nicht werden wollte. Und dass Winzer doch genau das Richtige war. Heute geht er seinem Kunsthandwerk mit voller Energie und Überzeugung nach. Und dafür sollten wir alle den Steuerfachschulen danken. Bei Jochen Dreissigacker ging es folgendermaßen weiter: Winzerlehre beim Weingut Keller in Flörsheim-Dalsheim (siehe Seite 216) und bei Bergdolt in der Pfalz. In Weinsberg bildete er sich schließlich zum Weinbautechniker weiter. 2006 folgte die Gutsübernahme (Vater Frieder steht ihm zur Seite).

Deshalb – jetzt kommt ein kleiner Zeitsprung – können wir heute einen so überzeugenden Wein wie den trockenen St. Laurent von Dreissigacker genießen. Und das für unter 20 Euro. Der herrlich dunkle Wein duftet nach Blüten, Sauerkirschen und Pflaumen, dazu Lakritz am Gaumen, saftig und klar, ein Hauch Cassis, die Fruchtaromen sind enorm konzentriert. Gewachsen ist der biologisch erzeugte Wein auf den Weinbergen um Bechtheim, die von Kalkmergel und Lösslehm geprägt sind.

Berühmt ist Jochen Dreissigacker für seinen enorm kräftigen Weißburgunder »Einzigacker«, der vom »Gault Millau WeinGuide« so passend als Wein mit Südseefeeling beschrieben wird, da er nach Kokosnuss duftet. Der Berliner Sternekoch Tim Raue, ein Mann der Extreme, schwärmt für den Wein.

Keinen Winzer bewundert Jochen Dreissigacker so wie den kometenhaften Aufsteiger Markus Schneider aus der Pfalz. Nicht wenige glauben, dass Dreissigacker in den nächsten Jahren einen ähnlichen Coup landen könnte. Also: kaufen, solange die Preise noch so günstig sind!

Weingut Dreissigacker | Untere Klinggasse 4 | 67595 Bechtheim |
Tel. 06242/2425 | www.dreissigacker-wein.de | info@dreissigacker-wein.de

DREISSIGACKER

BECHTHEIMER
ST. LAURENT

90 Weinmilch

Wormser Liebfrauenstift-Kirchenstück Riesling
»Großes Gewächs« trocken •••••

Wie heißt der berühmteste deutsche Wein weltweit? Liebfrauenmilch. Von keinem anderen Wein wird mehr exportiert. Und was ist Liebfrauenmilch? Süße Plörre unbestimmten Ursprungs. Sie kann aus Nahe, Rheinhessen, Pfalz und Rheingau kommen und muss mindestens zu 70 Prozent aus Riesling, Silvaner, Müller-Thurgau oder Kerner erzeugt sein (aber die Rebsorte steht sowieso nicht auf dem Etikett). Geschmack: lieblich (mindestens 18 Gramm pro Liter). In Deutschland fast nicht zu bekommen, weil: will hier keiner trinken. Vor allem aus Selbstschutz.

Traurig daran ist nicht nur, dass dieses Zeug den Ruf des deutschen Weins im Ausland ruiniert, sondern auch, wie der Name einer großen deutschen Weinlage ruiniert wird. Zurückführen lässt sich der Name Liebfrauenmilch nämlich auf das Liebfrauenstift-Kirchenstück. 1744 wurde dieser Weinberg erstmalig erwähnt, als »Lieben Frauen Milch«. Hintergrund des Namens ist die Liebfrauenkirche in Worms. Um diese herum liegt die Lage, mitten in Worms. Mit der Bezeichnung durfte sich nur Wein von solchen Rebstöcken schmücken, die nicht weiter entfernt wuchsen, als der Kirchturm seinen Schatten warf.

Das Liebfrauenstift-Kirchenstück ist einer der wenigen deutschen Weinberge, der von einer Mauer umgeben ist – was ihn vor Winden schützt. Dazu kommen das warme städtische Klima und der nahe Rhein. Wer gräbt, trifft in rund zwei Meter Tiefe auf das alte Flussbett des Rheins, eine reine Kiesschicht mit erhöhten Eisen- und Spurenelementgehalten. Dies ist eine außergewöhnliche Lage, und es gibt vor allem ein Winzerteam, das daraus auch außergewöhnliche Weine macht: Gerhard Gutzler und Sohn Michael, der seit 2003 für den Keller verantwortlich ist.

Ihrem »Großen Gewächs« merkt man an, wie warm diese Lage ist. Der Wein hat viel Fülle, meist auch viel Alkohol, sein Kern ist füllig, der Pfirsich im Bukett superreif, dazu gesellt sich eine verrückte Würze. Dieser Wein ist ein Hauptgang – und der »Lieben Frau« wirklich würdig.

Weingut Gutzler | Roßgasse 19 | 67599 Gundheim | Tel. 06244/905221 | www.gutzler.de | info@gutzler.de

91 Ein echtes Raubein

Huxelrebe Beerenauslese »Lichtspiel« •••

Die Huxelrebe ist der Dackel unter Deutschlands Rebsorten – die Zeit ist vorbei, die Anzahl nimmt ab. Was für Huxelrebe wie für Dackel traurig ist. Aber genauso, wie es wohl immer passionierte Dackelzüchter geben wird, finden sich auch Winzer, die sich der Huxel, wie sie liebevoll genannt wird, annehmen. Der engagierteste unter ihnen ist wahrscheinlich Alexander Gysler, der das Familienweingut in Alzey-Weinheim seit 1999 leitet, mit Unterstützung seiner Mutter Renate und seiner Frau Heike (und die beiden kleinen Töchter werden irgendwann sicher auch mit anpacken).

Die Huxel hat keinen guten Ruf. Sie ist ein Massenträger, der mehr Öchsle als die meisten anderen Rebsorten bringt – und damit billige, süße Prädikatsweine. Aber auch bei der Huxel gilt: Wer den Ertrag reduziert, kann Qualität ernten.

Gekreuzt wurde sie aus den Sorten Gutedel und Courtillier musqué von Georg Scheu, dem wir unter anderem auch die grandiose Scheurebe verdanken. Ihren Namen hat sie zu Ehren des Westhofener Winzers Fritz Huxel erhalten, der sich der Rebsorte annahm, sie großflächig anbaute und etliche Preise mit ihren Weinen errang. Vorher war sie einfach unter ihrer Zuchtnummer bekannt: Az 3962 (Az für den Ort Alzey, wo sich die Landesanstalt für Rebenzüchtung befindet).

Bekannt ist die Huxelrebe vor allem für ihre Eignung zu edelsüßen Weinen, die opulente Fruchtaromen mit einem feinen Muskatton vermählen. Genau solche erzeugt Alexander Gysler in phantastischer Qualität – und zum geringen Preis. Wer die Rebe liebt und hier nicht zuschlägt, dem ist nicht mehr zu helfen.

Seine Beerenauslese nennt er »Lichtspiel« – und das passt. Die reifen, opulenten, exotischen Fruchtaromen des goldgelben Weins wirken wie wärmende Sonnenstrahlen. Süße und Säure sind gleichermaßen großzügig vorhanden und finden gerade deshalb zu einer Balance. Es ist ein Wein, wie man ihn sonst in dieser Qualität kaum noch findet. Und noch dazu biodynamisch erzeugt, zertifiziert vom Demeter-Verband.

Weingut Gysler | Großer Spitzenberg 8 | 55232 Alzey-Weinheim | Tel. 06731/41266 | www.weingut-gysler.de | alexgysler@t-online.de

92 Der günstige Mercedes

Beerenauslese »Pius« edelsüß ••

Man stelle sich mal vor, Mercedes brächte einen Wagen für unter 10.000 Euro heraus, der vieles bietet, was die Spitzenmodelle so faszinierend macht. Im deutschen Edelsüßbereich trägt dieses unglaubliche Modell den Namen »Pius« und stammt vom Weingut Keller in Flörsheim-Dalsheim. Das Weingut Keller hat so ziemlich jeden Preis gewonnen, den es im deutschen Weinbau gibt. Es glänzt in so vielen Kategorien, dass man müd wird, sie aufzuzählen: trockene Rieslinge, edelsüße Rieslinge, süße Scheureben und Rieslaner, Spätburgunder, Silvaner. Klaus-Peter Keller beherrscht alles. Dabei ist er bescheiden geblieben und enthusiastisch, ihm geht es stets um den Wein, den er weiter verbessern will, aber nicht im Sinne eines »höher, schneller, weiter«, sondern was Balance, Komplexität und Widerspiegelung des Bodens und Kleinklimas angeht. Sein »G-Max« ist der teuerste trockene Riesling Deutschlands, doch dieser Fakt ist irrelevant. Es ist die Güte des Weins, die ihn zum wahrscheinlich einzigen echten trockenen Kult-Riesling Deutschlands gemacht hat.

Sein »Pius« ist eine edelsüße Preziose und ein absolutes Must-buy für Freunde dieses Weintyps. Es ist, und das ist extrem selten in diesem Bereich, ein Cuvée aus drei Rebsorten: Scheurebe, Rieslaner und Huxelrebe. Alle drei eignen sich hervorragend für die Süßweinerzeugung, und ihr Ruf ist viel schlechter, als sie verdient haben. Die Beerenauslese duftet exotisch nach Mango, Limette, Ananas und Passionsfrucht, aber auch Mandeln und Honig finden sich im Bukett. Aber natürlich ist dieser goldgelbe Wein nicht einfach nur süß, sondern wahrlich edel, und immer schafft es Klaus-Peter Keller, dem Wein auch genug Frische mit auf den Weg zu geben.

Und da der »Pius« so günstig ist, macht man viel schneller und ohne schlechtes Gewissen mal eine Flasche zum Nachtisch auf. Man könnte den Wein aber auch einfach im Keller vergessen. 20 Jahre sind für ihn kein Problem. Aber wer will wirklich so lange warten, wenn er jetzt schon so köstlich schmeckt?

Weingut Keller | Bahnhofstraße 1 | 67592 Flörsheim-Dalsheim | Tel. 06243/456 | www.keller-wein.de | info@keller-wein.de

KELLER

WEINGUT KELLER · D-67592 FLÖRSHEIM-DALSHEIM

PIUS BEERENAUSLESE

93__Besuch aus Tirol

Pfeddersheimer St. Georgenberg Lagrein »R« trocken ••

Der Lagrein hatte es nicht leicht. Bis ins 15. Jahrhundert wurde er in ganz Südtirol angepflanzt, doch dann verdrängte ihn der mehr Trauben tragende und einfacher zu bearbeitende Vernatsch. In der Folge wurde der Lagrein zu zweierlei verwendet: erstens, um Vernatsch-Weine dunkler zu machen, und zweitens zur Produktion von belanglosen Rosé-Weinen, genannt »Kretzer«. Der Name stammt von einem Weidensieb, der Kretze, die zur Produktion des Rosés genutzt wurde.

Doch dann brach die Zeit des »Lagrein Dunkel« an.

Und man erkannte endlich den wahren Wert der Rebsorte, die tiefdunkle, gerbstoffreiche Rotweine ergibt. Durch genetische Untersuchungen weiß man, dass der Lagrein ein direkter Nachfahre des Teroldego ist, der großen roten Rebe des Trentinos. Verwandt ist sie unter anderem mit dem Syrah sowie dem Refosco aus dem Friaul.

Und nun wird diese außergewöhnliche Rebe von einigen Winzern auch in Deutschland angebaut, und einer davon sitzt in Worms-Pfiffligheim. Mit seinem 2007er Lagrein gewann das Weingut Keller sogar die Kategorie »Internationale Klassiker« des renommierten »Deutschen Rotweinpreises«.

Ihr Lagrein wächst in der Lage Pfeddersheimer St. Georgenberg, die bereits 1511 urkundlich erwähnt wird. Auf Lösslehm und Sandsteinböden geraten die Rotweine hier besonders samtig und körperreich. Doch wer von einem Lagrein erwartet, dass er samtig schmeckt, der ist schiefgewickelt. Die Gerbstoffe der Rebsorte wirken häufig auf eine rustikale Art trocken, doch körperreich und füllig, das ist Kellers Lagrein. Zudem bietet er Aromen von Süßholz und Lakritz, eine angenehme Süße von der reifen Frucht und würzige Noten.

Mindestens neun Monate verbringt der Wein im Holzfass, das schleift seine Kanten etwas ab – doch nicht zu viel. Denn wer »Lagrein Dunkel« trinkt, der sucht ja gerade das Unbändige. Und Markus Johannes Kellers Wein, der auch Mitglied der Jungwinzervereinigung »Vinovation Worms« ist, bietet genau das.

Weingut Keller | Landgrafenstraße 74–76 | 67549 Worms-Pfiffligheim | Tel. 06241/75562 | www.weingutkeller.de | info@weingutkeller.de

94 Der Dackel unter den Reben

Der dicke Fritz – Sekt Brut Zero »Methode Rurale« ••

Ein Urvieh, das ist er, dieser »Dicke Fritz«. Denn er wird so vinifiziert, wie es früher üblich war bei Schaumweinen. Nicht zwei Gärungen, nein, nur eine. »Méthode Rurale« nennt sich dieses Verfahren oder auch »Mèthode Dioise Ancestrale«. Es gibt bekannte Schaumweine, die so erzeugt werden (zum Beispiel Moscato spumante d'Asti), in Deutschland dagegen ist dieser Weintyp eine absolute Seltenheit. Die Trauben für den dicken Fritz stammen aus einem kleinen Weinberg mit 35 Jahre alten Reben. Rebsorte ist der Müller-Thurgau, dem sich dieses Projekt aus Rheinhessen verschrieben hat. Früher in Deutschland unglaublich beliebt, heute immer seltener zu sehen. Der Dackel unter den Reben.

»Brut Zero« steht auf der dicken Buddel, was vielleicht einen falschen Eindruck gibt. Der Wein hat nicht 0 Gramm Restzucker, doch ihm wurde zero Dosage zugesetzt. Extrem fruchtig ist er, hat vollreife Aromen von Apfel, aber auch Birne, Grapefruit und den für Müller-Thurgau typischen Muskat-Ton. Seine Struktur ist weich und geschmeidig. »Am besten solo bei rund 8 Grad Celsius aus einem Champagner- oder schönen Weinglas genießen«, empfiehlt das Müller-Team. Das sind: Guido Walter und Jürgen Hofmann. Der eine Weinhändler aus München, der andere ein gefeierter Jungwinzer aus Appenheim. 2009 starteten sie ihr Projekt, der deutschen Traditionsrebsorte, die so ins Hintertreffen geraten war, wieder zu Glanz zu verhelfen.

Erster Wein des Unternehmens war ein Perlwein, der sich als deutsche Antwort auf den Prosecco versteht – und viel besser als die meisten davon ist. Gute-Laune-Brause mit Niveau! Mittlerweile gibt es auch einen Perlwein in Rosé aus Portugieser und Spätburgunder sowie einen Sekt aus viel Müller-Thurgau und ein wenig Riesling. Vier Weine, mehr nicht. Alles sehr fair bepreist.

Auf seinem eigenen Weingut macht Hofmann auch einen Sauvignon Blanc in einem Ei. Aber das ist eine ganz andere Geschichte …

Fritz Müller verperlt GmbH | Vor dem Klopp 4 | 55437 Appenheim |
Tel. 06725/3328 | www.fritzmueller.fm | info@fritzmueller.fm

95__ Katharina die Große

Cuvée Katharina Sekt Brut ••

Champagner gilt vielen als das göttlichste Getränk auf Erden. Und entgegen anderslautender Bierwerbung prickelt nichts so schön in einem Bauchnabel wie die französische Brause. Oder eignet sich dermaßen gut für luxuriöse Bäder. Aber am allerbesten eben zum Genießen.

Deutsche Sekte, die französischen Champagnern Paroli bieten können, lassen sich leider an einer Hand abzählen. Der beste heißt »Triumvirat Grande Cuvée«, stammt von Volker Raumland und wird nahezu jedes Jahr zur Nummer eins unter Deutschlands Sekten gewählt. Sollte doch mal ein anderes Weingut gewinnen, kann man davon ausgehen, dass Volker Raumland den Sieger versektet hat. Selbst Spitzenwinzer überlassen diesen Job nämlich lieber einem ausgewiesenen Fachmann.

Und auch wenn der Name des Betriebs wie der eines Möbelhauses klingt: Hier kann man jeden Sekt kaufen, völlig sorglos, denn alle sind ausgezeichnet.

Einer meiner persönlichen Favoriten – und preislich ein echter Hit – ist das Cuvée Katharina. Es wird überwiegend aus den Rotweinrebsorten Spätburgunder und Pinot Meunier gewonnen, die weiß gekeltert werden. Beides sind klassische Champagner-Rebsorten, und auch die Produktion erfolgt genau wie beim berühmten Nachbarn. Das Cuvée duftet nach frischer Brioche, aber auch nach Limette und Nusskuchen.

Und da Volker Raumland seine Hausaufgaben gemacht hat, weiß er auch, dass Sekt nicht zu alkoholisch sein darf, dass es um Frische und Leichtigkeit geht, um ein Tänzeln auf der Zunge, und zwar Ballett, nicht Polka. Das Mousse seiner Sekte ist fein – bei anderen fühlt es sich manchmal an, als würde die Zunge mit Stecknadeln traktiert. Hier ist es wie Schaum. Wer da an die schaumgeborene Aphrodite denkt, der liegt nicht falsch. Das ist Sinnlichkeit mit Bläschen. Die reinen Fakten – ökologische Bewirtschaftung, selektive Handlese, Verarbeitung von 100 Prozent gesundem Traubengut und mindestens zweijähriges Hefelager – können dieses Mysterium nicht auflösen. Es ist schlicht und einfach Volker Raumlands großes Können.

Sekthaus Raumland | Alzeyer Straße 134 | 67592 Flörsheim-Dalsheim | Tel. 06243/908070 | www.raumland.de | raumland@t-online.de

96 Mit Pfefferl

Grüner Veltliner Kabinett trocken •

Wie heißt es so schön: Die cleveren Österreicher haben der ganzen Welt eingeredet, Hitler sei Deutscher und Beethoven Österreicher gewesen. Jetzt sollten wir uns rächen und behaupten, der Grüne Veltliner sei eine deutsche Rebsorte.

Denn das wäre eine richtig feine Sache. Dann gäbe es nämlich viel mehr Weine wie den Grünen Veltliner von Strub, einen herrlichen Brot- und-Butter-Wein, der nur wenig über fünf Euro kostet und gut gekühlt einen Sommer kongenial begleitet. Er ist saftig, kernig und knackig – und hat das berühmte »Pfefferl« (Duft nach weißem Pfeffer). Walter Strub baut die meisten seiner Weine in Edelstahltanks aus, damit sie ihre Frische behalten. Sein Grüner Veltliner ist ein Tropfen, mit dessen Qualität man österreichische Freunde wunderbar zwiebeln kann. Schon das ist ein Sonderlob für Walter Strub wert, der das Niersteiner Familien-weingut in der elften Generation führt.

In der weltweit wichtigsten Weinpublikation, Robert Parker's »Wine Advocate«, erhielt der Wein schon einmal stattliche 88 Punkte – enorm für solch einen günstigen Wein.

Auf einem Drittel der gesamten Rebfläche Österreichs steht Grüner Veltliner. Österreich ohne Grünen Veltliner, das wäre wie New York ohne Hotdogs. Mit anderen Worten: undenkbar.

In Deutschland dagegen ist die Anbaufläche der Sorte verschwin-dend gering. Auch bei Walter Strub sind es gerade einmal drei Prozent seiner knapp 15 Hektar.

85 Prozent dagegen sind mit Riesling bestockt, kein Wunder, wenn man wie er Besitz im berühmten Roten Hang der Rheinfront hat. Die Lagen Niersteiner Orbel, Oelberg, Hipping und Pettenthal lassen den Kenner mit der Zunge schnalzen. Der gesamte Hang weist roten Ton-schiefer auf (das »Rotliegende«), an einigen Stellen gibt es auch Lössauf-lagerungen. Da der Boden gut erwärmbar ist und einen hohen Mineral-gehalt aufweist, lassen sich hier Spitzenweine erzeugen – und das seit der Römerzeit.

Weingut J. & H. A. Strub | Rheinstraße 42 | 55283 Nierstein | Tel. 06133/5649 | www.strub-nierstein.de/ | info@strub-nierstein.de

97__ Die Ehrenrettung
Dornfelder! trocken ••

Wer einen Rotwein beleidigen will, muss ihm nur zurufen: »Ey, du Dornfelder!«

Dann ist er fertig mit den Nerven. So weit ist es schon gekommen mit Dornfelder, einst die große Hoffnung deutscher Winzer. 1955 von August Herold aus Helfensteiner und Heroldrebe gezüchtet – eigentlich als farbstarker Deckrotwein, der allzu hellen Portugiesern und Spätburgundern auf die Beine helfen sollte. Plötzlich fiel jedoch auf, dass der Wein auch solo eine gute Figur macht. Dazu kommt, dass er selbst bei hohen Erträgen noch dunkle südländische Weine ergibt. Das Problem ist nur: Dann schmeckt er erst recht nach nichts. Trotzdem wurde er wie wild angepflanzt, aber irgendwann war der Ruf der Rebsorte ruiniert. Dabei ist sie zu wunderbaren Rotweinen fähig, wenn man sich Mühe mit ihr gibt.

So wie Eva Vollmer aus dem ländlichen Mainzer Stadtteil Ebersheim. Ihr Weingut ist noch sehr jung, erst 2007 wurde es gegründet, Vater und Großvater lieferten ihre Trauben früher an die Genossenschaft. Eva ist die Erste in der Familie, die ihren eigenen Wein auf Flaschen zieht. Zurzeit arbeitet sie halbtags noch an der Forschungsanstalt Geisenheim, wo sie auch ihre Doktorarbeit schreibt (Thema: Steillagen in Rheinhessen). Mit im Weingut: ihr Mann Robert Wagner, dessen Herz besonders für den seit 2010 durchgeführten ökologischen Weinbau schlägt.

Der »Gault Millau WeinGuide« kürte die ehemalige rheinhessische Weinkönigin zur »Entdeckung des Jahres 2010«, und auch viele andere Medien stürzten sich auf die Jungwinzerin. Am Ortsrand von Gau-Bischofsheim soll nun ein neues Weingut entstehen. Eigentlich ist es ein Spargelfeld, doch bald wird hier die neue Heimat eines der besten Dornfelder Deutschlands stehen. Auf der Flasche steht »Dornfelder!«, und das Ausrufezeichen passt. So schmeckt er auch. Tiefdunkel im Glas, Duft orientalischer Gewürze, Trockenpflaumen und florale Noten (Rose, Kamelie), füllig und samtig. Wie ein rotes Sofa, in dessen Kissen man sich sofort hineinlegen will.

Weingut Eva Vollmer | Nieder Olmer Straße 65 | 55129 Mainz Ebersheim | Tel. 06136/46472 | www.evavollmer-wein.de | info@evavollmer-wein.de

98 Trendsetter
Scheurebe trocken ••

Kultgetränke lassen sich schlecht vorhersehen. Und wer es kann – siehe Bionade – verdient ein Vermögen damit. Leider wird es Philipp und seinem Vater Günter Wittmann nicht so gehen, dabei ist ihre trockene Scheurebe genau das: ein Kult-Tropfen. Allerdings nur in den überschaubaren Kreisen der Weincracks und Sommeliers. Aber vielleicht hat Gott Bacchus ja ein Einsehen und macht ihn zu einem Trend. Verdient hätte es dieser Weintyp nämlich, den die Wittmanns so genial interpretieren.

Bekannt ist die Scheurebe (siehe auch Seite 170) für frucht- und edelsüße Weine. Dass sie auch hervorragend trocken ausgebaut werden kann, geriet irgendwie in Vergessenheit. Doch plötzlich dachte man: Hoppla, warum pflanzen wir Sauvignon Blanc an, wenn unsere Scheurebe doch eine ähnliche Aromatik hat und bereits in den Weinbergen steht?

Die Scheu, wie sie liebevoll genannt wird, duftet nach Roter Johannisbeere, aber auch nach reifer Pampelmuse und einem Korb voll mit exotischem Obst (unter anderem Ananas und Papaya). Und sie bringt genug Säure mit für einen rassigen Wein. Wittmanns Scheurebe ist ein Prototyp, ein Tropfen, der solo bereits richtig Spaß macht und zudem hervorragend als Essensbegleiter funktioniert.

Kein Wunder, stammt er doch von einem echten Spitzenteam. Günter Wittmann ist für die Weinberge verantwortlich, seit 1990 setzt der Betrieb auf ökologischen Weinbau, seit 2003 auf biodynamischen. Philipp Wittmann, der in der Pfalz bei Bassermann-Jordan und Siegrist lernte – und dann an der Wein-Uni Geisenheim, schwingt das Zepter im Keller (verheiratet ist er übrigens mit der Moselwinzerin Eva Clüsserath). Ihr trockener Riesling von der Lage Morstein ist zum Kultwein geworden.

Neben Rheinhessen, das die Rebflächen-Statistik bei der Scheu mit über 950 Hektar anführt, sowie der Pfalz (418 Hektar) hat sich vor allem Franken (126 Hektar) mit der Sorte einen Namen gemacht. Die von dort stammenden Scheureben gelten als würziger als die pfälzischen und rheinhessischen mit ihren fruchtigen Aromen.

Weingut Wittmann | Mainzer Straße 19 | 67593 Westhofen bei Worms | Tel. 06244/905036 | www.wittmannweingut.com | info@wittmannweingut.com

SEIT 1663

Wittmann

SCHEUREBE
trocken

Saale-Unstrut

Es mag viel über den Aufbau Ost geschrieben worden sein – doch die Erfolgsgeschichte des Weinbaugebiets Saale-Unstrut wurde dabei viel zu wenig beachtet. Seit 1990 hat sich die Rebfläche fast verdoppelt auf heute fast 700 Hektar. Drei Viertel sind mit weißen Rebsorten bestockt, und der Absatz scheint gut zu laufen, was man an den teils selbstbewussten Preisen sieht.

Die Weinberge liegen vor allem in den Tälern der Flüsse Saale und Unstrut, aber auch an den Mainfelder Seen – und somit im Bundesland Sachsen-Anhalt wie im Bundesland Thüringen. Die wichtigsten Städte sind Naumburg und Freyburg. Wobei in Letzterer mit der Winzervereinigung Freyburg-Unstrut der größte Weinerzeuger im Osten Deutschlands sitzt. Über die Hälfte der Weinberge der Region Saale-Unstrut werden von ihr bewirtschaftet, stolze 360 Hektar. Insgesamt gibt es rund drei Dutzend Winzer, die ihre Weine selbst vermarkten.

Bereits seit dem 10. Jahrhundert gibt es Weinbau an Saale und Unstrut, doch im Jahr 1887 kam er fast zum Erliegen. Die Region machte nämlich als erste Deutschlands Bekanntschaft mit einem illegalen und äußerst zerstörerischen Einwanderer aus Amerika: der Reblaus.

99 Ein Thüringer (inkognito)

Kerner fruchtig ••

Dies ist eigentlich gar kein Saale-Unstrut-Wein, sondern ein Thüringer. Genauer gesagt stammt er von Thüringens einzigem bewirtschafteten Terrassenweinberg. Eine steile Schönheit, in der André Gussek schwer geschuftet hat. Seit 1990 schlägt er sich mit kaputten Mauern und Treppen herum, musste schweren Herzens viele nicht zu rettende alte Reben roden, konnte aber auch einige Terrassen erhalten, unter anderem mit 1927 gepflanztem Silvaner und weit über 60-jährigem Riesling.

Im Kaatschener Dachsberg steht heute auch Kerner, und mit diesem stellte André Gussek einst Ungeheuerliches an: Er baute ihn nämlich im Barrique-Fass aus. Sonst widerfährt dieses Glück meist nur hochklassigen Burgundern oder Rotweinen, einem Massenträger wie dem Kerner dagegen so gut wie nie.

Diese Entscheidung passt aber zu André Gussek, denn er ist auch ein ungewöhnlicher Winzer. 20 Jahre führte er im Landesweingut Kloster Pforta in Bad Kösen den Keller. 1993 gründete er seinen eigenen, kleinen Winzerhof, damals noch nebenberuflich, nur wenige hundert Liter wurden produziert. Der Betrieb wuchs und wuchs, und 2002 erfolgte dann der endgültige Sprung in die Selbstständigkeit. Seine Heimat ist mittlerweile als »Toskana des Ostens« bekannt – weil Goethe sich von der Landschaft mit ihren weiten, sanftgeschwungenen Ebenen an die Hügel der italienischen Weinregion erinnert fühlte.

Heute ist André Gussek unter anderem bekannt für die besten Rotweine der Region und seine edelsüßen Müller-Thurgau-Kreszenzen – und natürlich seinen Kerner, den er heute ganz klassisch im Edelstahltank ausbaut und zwar fruchtig. Das verhilft ihm zu einer Opulenz im Bouquet, die fast schon an einen Zaubertrick denken lässt. Neben reifen Aprikosen und Pfirsichen finden sich vor allem exotische Aromen, die von der Südsee unserer Träume erzählen. Am Gaumen dann saftige, barocke Süße, die wunderbar durch resche Säure ausbalanciert wird. Unbedingt kühl trinken. Ein wirklicher Spitzenkerner, der zwar durch Lagerung weitere Aromen bildet, aber in der Jugend am meisten Spaß macht.

Winzerhof Gussek | Kösener Straße 66 | 06618 Naumburg |
Tel. 03445/7810366 | www.winzerhof-gussek.de | winzerhofgussek@t-online.de

GUSSEK

Kerner fruchtsüß

SAALE - UNSTRUT

100__Im Osten was Neues
Zweigelt trocken •

Ohne Blick in die Historie geht es beim Zweigelt nicht – und dieser fällt alles andere als angenehm aus. 1922 züchtete Friedrich, genannt Fritz, Zweigelt die Rebsorte an der Weinbauschule in Klosterneuburg (Österreich) aus St. Laurent und Blaufränkisch. Damals hieß sie noch Rotburger (wegen Klosterneuburg), was aber zu Verwechslungen mit der Rebsorte Rotberger führte.

Zweigelts Motivation für die Züchtung: Er wollte die Winzer unabhängig von Nichtariern und deren Rotweinen machen – die wurden nämlich damals importiert, um den farbschwachen österreichischen Tropfen auf die Beine zu helfen. Zweigelt war überzeugter Nazi. 1938 übernahm er die Leitung der Weinbauschule, weil sein Vorgänger zwangspensioniert worden war. Einen Schüler, der Mitglied einer Widerstandsgruppe war, ließ er der Gestapo ausliefern. Trotzdem wurde die Rebsorte 1975, und damit elf Jahre nach Zweigelts Tod, nach ihm benannt. Und 2002 wurde der »Dr. Zweigelt-Preis« für österreichische Weine eingeführt – so viel zum Thema Aufarbeiten der Vergangenheit.

Unabhängig davon ist Zweigelt eine famose Rebe. Sonst hätte sie es auch nicht zur Nummer eins der Rotweinreben in der Alpenrepublik bringen können. Sie ist nicht besonders anspruchsvoll, dafür widerstandsfähig, erbringt hohen Ertrag und braucht eigentlich nur warme, nährstoffreiche Böden. Dann ergibt sie dunkelfarbige Rotweine mit weichen Tanninen und dem typischen Geschmack von Weichselkirschen.

Außer in Württemberg findet sich in Deutschland nirgendwo mehr Zweigelt als an Saale und Unstrut. Obwohl viele immer glauben, in solch einer arktischen Region wäre Rotweinanbau nicht möglich. Doch die Unkenrufer haben sich schon bei der Ahr geirrt, und bei Deutschlands Osten ist es genauso.

Bernard Pawis leitet gemeinsam mit seiner Frau Kerstin das Gut, welches als bester Betrieb der Region gilt. Auch mit weißen Burgundern sowie Rieslingen kann er reüssieren. Und Zweigelt gibt es bei ihm sogar als Rosé-Sekt.

Weingut Bernard Pawis | Auf dem Gut 2 | 06632 Zscheiplitz |
Tel. 034464/28315 | www.weingut-pawis.de | info@weingut-pawis.de

VDP

BERNARD
PAWIS

Gutsabfüllung

Blauer Zweigelt
Deutscher
Qualitätswein
trocken
Saale-Unstrut
enthält Sulfite
www.weingut-pawis.de

e 0,75 l   12,5 %Vol.

Sachsen

Im Tal der Elbe, ganz nah bei Dresden, liegt das Weinbaugebiet Sachsen, dessen bekannteste Orte Meißen und Radebeul sind. Rund 460 Hektar sind mit Reben bestockt. Seit dem 10. Jahrhundert wird hier bereits Wein angebaut, doch nach dem Zweiten Weltkrieg gab es nur noch etwa 60 Hektar im Elbtal. Mit der Wiederaufrebung wurde im Wesentlichen erst ab 1955 begonnen. Heute wächst hier vor allem Weißwein wie Traminer, Müller-Thurgau oder Weißburgunder, als regionale Spezialität gilt der Goldriesling.

Die meisten Winzer liefern ihre Trauben an die Sächsische Winzergenossenschaft, der zweite Weinriese ist das Sächsische Staatsweingut Schloss Wackerbarth, insgesamt gibt es nur rund 20 Weinbaubetriebe. Unbedingt sehenswert: der Park von Schloss Wackerbarth mit dem Belvedere.

Eine in Sachsen entwickelte Flaschenform ist die Sachsenkeule – da sie jedoch sehr bruchanfällig ist, hat sie sich bei Weitem nicht so stark verbreitet wie der fränkische Bocksbeutel.

101__ Sächsisches Gold

Goldriesling trocken ••

Der Erfolg des Goldrieslings beruht auf zwei Missverständnissen: Die Traube ist zwar dem Namen nach ein Riesling, hat aber geschmacklich wenig mit der edlen Rebe gemein. Gekreuzt wurde sie Ende des 19. Jahrhunderts von Christian Oberlin im elsässischen Colmar aus Riesling und Courtillier Musqué Précoce. Da sie heute fast nirgendwo mehr außerhalb Sachsens angebaut wird, gilt sie nun als heimisches Gewächs. Und das ist das zweite Missverständnis. Die Sachsen haben den Goldriesling als einen der Ihren angenommen. Er ist zu ihrem Trollinger geworden. Und genau wie der steht der Goldriesling häufig in den besten Lagen. Wo er eigentlich gar nicht hingehört. Der Goldriesling ist eine anspruchslose Sorte, die eigentlich überall gedeiht, und er besitzt zwei Eigenschaften, die ihn ideal für den Anbau in Sachsen machen: Er treibt spät aus, wird aber trotzdem früh reif.

Frostproblematik? Nein, danke! Dies bedeutet andererseits aber auch, dass er keine 100 Tage von der Blüte zur Vollreife benötigt – das Minimum für edle Sorten. Eine kurze Reifezeit bedeutet weniger Extrakt und damit weniger Reifepotenzial. Der Goldriesling ist ein Kurzstreckenspezialist, am Stock wie im Glas. Der Wein wird meist ganz schnell vor Ort konsumiert – am besten etwas kälter als anderer Weißwein temperiert.

Das von Georg Prinz zur Lippe geleitete Weingut Schloss Proschwitz ist nicht nur eines der größten Weingüter in Deutschlands Osten (rund 70 Hektar), sondern auch das renommierteste. Ihr Goldriesling ist ein leichter Sommerwein mit feiner Muskatwürze, etwas Zitrone und Bergamotte, im Abgang sogar mit einem Hauch Darjeeling-Tee. Ein einfacher, schlanker Wein. Leider ist er eigentlich viel zu teuer für das, was er bietet, aber Spaß macht dieses Unikat auf jeden Fall. Die Sachsen mögen sich den Traminer als ihre weiße Edelrebsorte auf die Fahnen geschrieben haben, aber ihr Herz schlägt für den Goldriesling, denn der trinkt sich wunderbar weg.

Weingut Schloss Proschwitz | Dorfanger 19 | 01665 Zadel über Meißen | Tel. 03521/76760 | www.schloss-proschwitz.de | weingut@schloss-proschwitz.de

102 Phönix aus der Asche

Pillnitzer Königlicher Weinberg Kerner »A« edelsüß •••

Es kommt extrem selten vor, dass Menschen über Skulpturen sprechen, wenn man sie nach einem Weingut fragt. Beim Weingut Klaus Zimmerling aus Dresden-Pillnitz in Sachsen ist es jedoch so. Das liegt an der polnischen Künstlerin Malgorzata Chodakowska, der Frau des Winzers. Sie studierte Bildhauerei an den Kunstakademien in Warschau und Wien. Den wunderschön in den Weinberg gebauten Keller des Guts schmücken seit Oktober 2008 drei ihrer sinnlichen, anmutigen und grazilen Figuren – und auf den Flaschen sind ebenfalls Werke von ihr zu sehen.

Auch auf der Flasche des edelsüßen Kerners »A« vom Pillnitzer Königlichen Weinberg. 1792 wurde damit begonnen, auf diesem Berg Rebstöcke zu pflanzen, denn das sächsische Königshaus wollte einen Musterweinberg für den sächsischen Weinbau. Unter der Regentschaft des sächsischen Königs Friedrich August des Gerechten erhielt er seine heutige Form mit Wächterhäusern oben, einem Wegesystem für Transporte, Mauern, Treppen, über- und unterirdischen Wasserläufen sowie einem Presshaus.

Doch gegen Ende des 19. Jahrhunderts richteten Reblaus und Mehltau Verwüstungen an – und er wurde aufgegeben. Ein Verein belebte ihn 1980 wieder, und nun wächst hier unter anderem Klaus Zimmerlings grandioser Kerner auf verwittertem Gneis und Granit heran und wird mit extrem geringem Ertrag gelesen. Es ist ein ganz eigener Typ Süßwein, der viel Süße und viel Alkohol vereint, neben den Fruchtaromen auch nach Zuckerrohr und Malz schmeckt, nicht filigran, sondern kräftig ist und an einen Sauternes aus einem Botrytis-Jahr erinnert – und damit ist er das komplette Gegenstück zum frisch-filigranen Riesling.

Die Rebsorte Kerner wurde 1929 von August Herold (dem wir auch den Dornfelder verdanken) aus Trollinger und Riesling gekreuzt und war einst die am viertmeisten angebaute deutsche Weißweinrebe, bevor sie aus der Mode kam. Außer in Deutschland ist sie fast nur noch in Österreich, der Schweiz und Südtirol zu finden. Was jeder bedauern wird, der Zimmerlings Kerner je gekostet hat.

Weingut Klaus Zimmerling | Bergweg 27 | 01326 Dresden | Tel. 0351/2618752 | www.weingut-zimmerling.de | info@weingut-zimmerling.de

SKULPTUR: MALGORZATA CHODAKOWSKA

Württemberg

11.500 Hektar Weinberge gehören zu Württemberg, damit ist das süddeutsche Weinbaugebiet die Nummer vier im Lande. Überraschend wenig der Weine finden den Weg über die Grenzen – was daran liegt, dass die Württemberger statistisch gesehen Deutschlands fleißigste Weintrinker sind.

Und was trinken sie? Vor allem Rotwein. Neben der Ahr ist Württemberg das einzige deutsche Anbaugebiet, in dem der Rotweinanteil über 50 Prozent liegt. Selbstverständlich werden auch hier Spätburgunder, Dornfelder und Portugieser angebaut, doch in viel größerem Umfang die fast nur hier zu findenden Rebsorten Trollinger (fast ein Viertel der Rebfläche), Schwarzriesling und Lemberger. Dazu kommen regionale Spezialitäten wie Samtrot, Clevner und Muskattrollinger sowie viele beeindruckende Rotwein-Cuvées – also Vermählungen verschiedener Rebsorten.

Noch eine Besonderheit gibt es in Württemberg: Rund 85 Prozent der Weine werden von Winzer- oder Weingärtnergenossenschaften (wie sie hier häufig heißen) produziert.

103 Weltklasse

Sauvignon Blanc »Grosse Reserve« trocken •••

Dieses Weingut hat deutsche Sauvignon Blancs in eine neue Dimension gehoben und erstmals bewiesen, dass heimische Winzer Weltklasse-Weine aus dieser Rebsorte keltern können.

Daran hätte vor Jahren niemand geglaubt.

Einfache, saubere Sauvignon Blancs, klar, das geht. Aber wirkliche Tiefe, echte Faszination? Ein Ding der Unmöglichkeit, das gelang doch nur in Frankreich, egal, wie andere Nationen sich auch mühten. Und dann das: Weiße Cassis, Stachelbeere, Kiwi, Passionsfrucht und was der Obstkorb sonst noch zu bieten hat. Stärkere Aromen können einem Wein nicht entströmen, das riecht selbst der chronisch Verschnupfte. Auch im Mund ist die Frucht extrem, herrlich exotisch, ein Gänsehautwein, der irre Spaß macht, überraschend leicht in der Art. Leichte Minze im Nachhall – man denkt an Caipirinha. Kurz gesagt: wow und noch mal wow! Der Stil ist Neue Weinwelt, deutsch interpretiert.

Wer ist aber nun der Winzer, der dieses neue Weinkapitel aufgeschlagen hat? Es sind gleich drei: Vater Gert mit seinen Söhnen Hansjörg (Weinberg) und Matthias Aldinger (Keller) – der Nachwuchs hat sich seine Sporen unter anderem in Neuseeland und Südafrika verdient. Das merkt man ihrem Sauvignon Blanc deutlich an. Er stammt von gleich drei Lagen: dem Untertürkheimer Gips (mit Gipskeuper), dem Fellbacher Lämmler (Mergel) und dem Rotenberger Schlossberg (leichter Mergel). Gefühlvoll cuvéetiert, führt dies zu größerer Komplexität. Beim Ausbau – 95 Prozent kühl im Stahltank, fünf Prozent werden im Barrique vergoren – geht es ebenfalls darum, dies zu erreichen, jedoch keinesfalls auf Kosten der Frucht. Deshalb auch: nicht zu lange mit dem Genießen warten, denn genau diese Duftigkeit betört.

Das Weingut Aldinger befindet sich mitten in Fellbach, gerade einmal 15 Kilometer südlich von Stuttgart. Und wenn man vor Ort ist, sollte man unbedingt auch das »Große Gewächs« vom Lemberger probieren, mit diesem ist ihnen nämlich dasselbe Kunststück wie mit ihrem Sauvignon Blanc gelungen: Er ist der beste seiner Art.

Weingut Gerhard Aldinger | Schmerstraße 25 | 70734 Fellbach |
Tel. 0711/581417 | www.weingut-aldinger.de | info@weingut-aldinger.de

104_ Der edle Württemberger

Bönnigheimer Lemberger Gipskeuper *** trocken ••

In Österreich werden nur wenige wissen, was ein Lemberger ist – obwohl sie ihn mit Vorliebe trinken. In der Alpenrepublik ist die Rebsorte als Blaufränkisch bekannt und wird vor allem im Burgenland produziert. Vor rund 300 Jahren kam sie nach Deutschland, genauer nach Württemberg, und auch heute findet man sie in Deutschland kaum woanders. Ihre Anbaufläche steigt im Ländle langsam, aber stetig. Neben dem Trollinger, der für den Alltagstrunk gedacht ist, hat sich der Lemberger als zweite württembergische Rebsorte etabliert – allerdings als etwas edlere Kreszenz. Offiziell heißt die in Deutschland übrigens »Blauer Limburger«, aber das schreibt niemand aufs Etikett, und in Ungarn ist sie als Kékfrankos bekannt.

Dautels Lemberger mit drei Sternen ist schwarzrot und duftet – typisch Lemberger – nach Holunder, Brombeeren, Kirschen, Pflaumen und Schlehe.

Ganz wichtig bei diesem Wein: Er braucht Luft. Mindestens eine Stunde. Wenn keine Dekantierkaraffe zur Hand ist: Korken ziehen und in einen kühlen Raum stellen, der vom Geruch her unbelastet ist (also nicht neben die Zwiebeln). Im Mund ist er würzig (Pfeffer, Rauchspeck), hat Saft und Kraft. Das alles zu einem äußerst fairen Preis. Ernst Dautel aus Bönnigheim war eine feste Bank in Württemberg, ein Garant für Qualität, und Sohn Christian (mit hippen Dreadlocks) hat diese großen Fußstapfen perfekt ausgefüllt. Die Besonderheit ihres Lembergers *** (die Sterne sind eine interne Klassifikation) lässt sich schmecken: Er reifte nicht im Barrique, wie viele andere große Rotweine, sondern ein knappes Jahr im großen Holzfass. Das steht ihm ausgesprochen gut. Die Rebstöcke dieses Lembergers stehen im Bönnigheimer Sonnenberg, dessen Böden vor allem aus buntem Mergel, Schilfsandstein und Gipskeuper bestehen und den hier wachsenden Weinen eine füllige Struktur mitgeben. Wer bisher nur dünne Lemberger getrunken hat – denn diese gibt es leider immer noch zuhauf –, kann sich von diesem Wein zu einer faszinierenden deutschen Rebsorte bekehren lassen.

Weingut Dautel | Lauerweg 55 | 74357 Bönnigheim | Tel. 07143/870326 | www.weingut-dautel.de | info@weingut-dautel.de

105__ Hammelhoden

Trollinger »Drei Tauben« trocken ••

Das können auch Laktose-Intolerante trinken: Trollinger, die gute Milch der Schwaben.

Keine Rotweinsorte wird in Württemberg mehr angebaut, keine so geliebt (es gibt sogar einen Trollinger-Marathon), nichts so gern als Viertele getrunken, und kein Trollinger ist besser als der »Drei Tauben« von Drautz-Able aus Heilbronn. Der Wein hat – was man bei dieser Rebsorte überhaupt nicht erwartet – tatsächlich Dichte, eine angenehm süße Wildkirschfrucht mit Zimt und Muskat im Bukett, am Gaumen eine leicht karamellige Note, einen Hauch Toffee. Kein dünnes Weinchen, für das schon allein die Bezeichnung Rotwein zu viel des Lobes wäre, sondern ein ausgewachsener Roter. Markus Drautz gibt sich schmeckbar viel Mühe mit dieser Rebsorte, bei der schon allein der Name ein Missverständnis ist. Entstanden ist er aus »Tirolinger« wegen seiner Heimat Südtirol, wo die Sorte als Vernatsch bekannt ist. Da wäre man besser bei seinem alten Namen geblieben, der auf die Form der Beere anspielt: Hammelhoden.

Der Trollinger ist eine undankbare Rebe. Sie will in die besten Lagen gesetzt werden und erbringt doch nur einen dünnen Wein mit wenig Öchsle.

Ohne Anreichern geht da so gut wie nix, weswegen man auch nahezu nie Prädikatsweine vom Trollinger findet, da das Anreichern bei solchen Weinen verboten ist. Dazu kommt noch, dass er lange reift, was immer Risiken mit sich bringt, und die Farbe beim fertigen Wein manchmal mehr an einen Rosé erinnert. Aber immerhin ist die Erntemenge groß, die Trauben schmecken lecker, der Wein lässt sich fast immer wunderbar wegtrinken und passt mit seiner kernigen Art auch zu Herzhaftem bestens.

Wenn alle Trollinger so grandios schmecken würden wie der »Drei Tauben« von Drautz-Able, würde die Rebsorte vielleicht auch mehr außerhalb Württembergs angebaut werden. So stehen von den 2.500 Hektar in Deutschland gerade einmal 35 Hektar außerhalb des Ländles.

Weingut Drautz-Able | Faißtstraße 23 | 74076 Heilbronn/Neckar |
Tel. 07131/177908 | www.drautz-able.de | info@drautz-able.de

WEINGUT
DRAUTZ❖ABLE

TROLLINGER
TROCKEN

106 Adams Apfel

EisApfel ••••

Dies ist der einzige Wein in diesem Buch, der nicht aus Trauben vinifiziert wurde – weil so etwas aus Trauben einfach unmöglich ist. Es ist ein echter Aha-Effekt. Er ist leider nicht mehr so leicht zu finden, der überwältigende und süchtig machende Säure-Süße-Kick bei Riesling-Eisweinen, denn der Klimawandel merzt diesen genialen Weintyp peu à peu aus. Echte Eisweine aus gesundem Lesegut, kristallklar in der Aromatik, mit dem besonderen Aroma von Eisbonbon sind schwerer zu finden als die Nadel im Heuhaufen. Doch es gibt Abhilfe, auch wenn man dafür auf anderes Obst umsteigen muss. Jörg Geiger, bekannt geworden durch seinen Schaumwein von der Champagner-Bratbirne (der in die »Arche des guten Geschmacks« von SlowFood aufgenommen wurde), erzeugt in einigen wenigen Jahren tatsächlich einen Apfel-Eiswein. Verwendet werden Äpfel der spätreifenden alten Sorte Bittenfelder Sämling. Der Frost verdichtet dessen Aromen, nur 4 Prozent Alkohol bei 220 Gramm Restzucker. Die Apfelfrucht ist ungemein präzise, man möchte sagen, klar wie Eis, aber es finden sich auch würzige Aromen im Bouquet, weswegen man an Bratapfel denkt, und enorm exotische Noten (unter anderem Passionsfrucht) sowie Honig. Am Gaumen folgt dann der süchtigmachende Kick des bernsteinfarbenen Elixiers. Klaus Lage sang mal: »Und es hat Zoom gemacht«. Das macht Geigers EisApfel auch. Der Winzer empfiehlt ihn zu Gewürzapfel mit Karamelleis, warmer Apfeltarte oder Desserts mit dunkler Schokolade. Geht aber auch solo wunderbar, als Aperitif. Macht Lust auf mehr.

Positiver Nebeneffekt: Jörg Geigers Verarbeitung von seltenen Sorten wie Champagner-Bratbirne und Bittenfelder Sämling führt dazu, dass diese Bäume auf Streuobstwiesen erhalten werden. Man tut also beim Genuss auch noch etwas für die Biodiversität. Gesammelt werden von 370 Landwirten über 80 verschiedene Obstsorten, Kräuter und Blüten!

Weinmanufaktur Jörg Geiger | Reichenbacher Straße 2 |
73114 Schlat/Göppingen | Tel. 07161/9990224 | www.manufaktur-joerg-geiger.de |
info@manufaktur-joerg-geiger.de

EisApfel

SELEKTION WINTER

Manufaktur Jörg Geiger
Schlat bei Göppingen

107 Kein Wein des Dichters

Schillerwein trocken •

48° 46' 53" North, 009° 22' 05" East steht auf dem Etikett dieses bemerkenswerten Schillerweins – von einem bemerkenswerten Weinprojekt. Dahinter stecken Jungwinzer Andi Knauß, hauptberuflich im familiären Weingut tätig, und Dr. Rainer Scholz, der als Geschäftsführer von Toll Collect einst die Lkw-Maut in Deutschland einführte (und auch heute noch Mobilitätskonzepte entwickelt). Bei einem Spaziergang sah er einen alten Mann, der bedächtig Reben schnitt, während Musik aus dem Kofferradio dudelte. Eine Idylle, nach der sich Scholz sehnte. Er pachtete deshalb einen mit Regent bepflanzten Weinberg – und sorgte mit dem ungemein dichten Wein daraus für Furore. Heute werden 1,5 Hektar Weinberge im Remstal bewirtschaftet. Und da ihnen die Heimat und Herkunft ihrer Weine so wichtig ist, schreiben sie die Geokoordinaten des jeweiligen Weinbergs darauf.

Schillerwein wird aus weißen und roten Trauben hergestellt, die nicht als fertige Weine cuvéetiert, sondern noch vor der Maische vermengt werden (und aus demselben Wingert stammen müssen). Er sieht deshalb aus wie ein Rosé, ist aber keiner. Wegen seiner Farbe trägt er auch den Namen: Er schillert im Glas.

Schillerwein gehört zur Kategorie der Rotlinge (wie auch »Badisch Rotgold« und »Schieler«). Fast immer handelt es sich um sehr einfache Zechweine.

Ein Zechwein ist auch der von »Parfum der Erde«, aber einer mit Niveau!

Der lachsfarbene Tropfen besteht aus 40 Prozent Riesling- und 60 Prozent Spätburgundertrauben. Sie wachsen auf Kieselsandstein, buntem Mergel sowie Stubensandstein. Der Ausbau erfolgt überwiegend im Stahltank, ein Teil des Weines reift in französischer Eiche (zweite Belegung). Wie alle Weine des kleinen Gutes (nur fünf gibt es!) wird er spontan vergoren, nicht gepumpt und unfiltriert abgefüllt. Er duftet nach Erdbeere, aber auch Vanille, und ist am Gaumen herrlich schlank und straff.

Parfum der Erde GbR | Hauptstraße 42 | 71384 Weinstadt |
www.parfum-der-erde.de | info@parfum-der-erde.de

48° 46' 53" north
009° 22' 05" east

parfum der erde

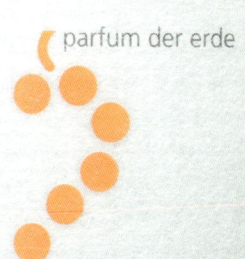

schillerwein

108___ Rosa Rosenbeet

Muskattrollinger Rosé trocken •

Alles begann um 1900 auf Burg Schaubeck in Kleinbottwar, dem Sitz des heutigen Weinguts Graf Adelmann. Eigentlich war die Geschichte des Muskattrollingers an einen toten Punkt gelangt. Nur in Kleinbottwar standen noch einige fast vergessene Rebstöcke. Sie »wanderten« damals weiter auf die Burg Lichtenberg, dann auf das Schloss Hohenbeilstein – und heute sind über 50 Hektar damit im Ländle bestockt.

Der württembergische Senkrechtstarter Rainer Schnaitmann aus Fellbach schwört auf Muskattrollinger als Essensbegleiter. Der dynamische Winzer weiß zudem, mit welchem Auto man die Rebsorte vergleichen könnte. »Was Offenes, Spritzig-Frisches, nicht mit dem Anspruch, jedem gefallen zu müssen, aber doch kein lächerliches Leichtgewicht. Ein Smart Cabrio trifft es vielleicht am besten.« Dieses ungewöhnliche Geschoss fährt allerdings nur in lachsrosa aus Schnaitmanns Keller. »Als Rosé ist es ein stimmigerer Tropfen, Rot ist es eher ein Weißwein mit Farbe, eine Art Trollingertyp, auch von den Tanninen her.« Die meisten Württemberger Winzer setzen mittlerweile auf diese Art des Ausbaus – obwohl die Rebsorte so arbeitsintensiv ist (sie schlägt Riesling und Trollinger um Längen) und die Weine sich nur im unteren Preisbereich verkaufen lassen. Rainer Schnaitmann lüftet das Geheimnis: »Ich bin beileibe kein Anhänger hoher Erträge, aber Muskattrollinger zurückzuschneiden würde der Qualität schaden. 90 bis 100 Hektoliter pro Hektar sind ideal.«

Diesen Ertrag erhalten aber nur Winzer, die ihre Ernte vor Diebesvolk retten können. »Es gibt keine leckerere Tafeltraube als Muskattrollinger! Wenn es an die Lese geht, animiere ich meinen Trupp deshalb immer zum Singen – damit sie nicht so viel essen.«

Schnaitmanns Muskattrollinger ist ein echter Spaßwein, den man jung genießen sollte: leichte Rosenaromatik, Muskatnuss, am Gaumen Erd- und Johannisbeeren, frisch und leicht. Damit passt er super in den allgemeinen Trend weg von mächtigen, geholzten Weinen. Dieser Wein macht einfach nie satt.

Weingut Rainer Schnaitmann | Untertürkheimer Straße 4 | 70734 Fellbach | Tel. 0711/574616 | www.weingut-schnaitmann.de | info@weingut-schnaitmann.de

VDP

SCHNAITMANN

MUSKATTROLLINGER
ROSÉ
TROCKEN

109__Klasse Liter-Klasse

Rotwein-Cuvée »d'r Oifache« trocken •

Früher war Albrecht Schwegler in einer Großkellerei tätig, pumpte aberwitzige Mengen von Wein von einem Stahltank in den anderen – und entschied dann, dass es ihm reichte.

Heute leitet er im Hauptberuf eine Firma für lineartechnische Teile (»Korb Linearsysteme«) und im Nebenberuf eines der besten Weingüter Württembergs, das mit nur 1,7 Hektar eine echte »Boutique-Winery« ist. Rebsorten wie Merlot, Cabernet Franc oder auch Blauer Zweigelt vermählt er zu grandiosen Cuvées, die aufs Feinste reifen können. Benannt sind alle nach Edelsteinen.

Schweglers »Granat« ist überaus komplex, kraftvoll und reift hervorragend. Regelmäßig ist der Wein das beste rote Cuvée Württembergs – und deutschlandweit ist nur Knipsers »XR« eine Konkurrenz. Das feinfühlig komponierte Cuvée würden die meisten Weinkenner in Blindproben niemals in Deutschland verorten. Der kleine Bruder namens »Saphir« ist deutlich sanfter und nicht ganz so komplex – aber ebenfalls ein faszinierender Tropfen. Dann gibt es preislich darunter angesiedelt den »Beryll« – und einen Wein, der keinen Edelsteinnamen trägt. Um diesen geht es hier.

Er heißt: »d'r Oifache«. Übersetzt: »der Einfache«. Ein roter Literwein – der beste Deutschlands. Abgefüllt wird er ohne Jahrgang, auch über die Rebsorten des Cuvées steht nichts auf dem Etikett. Der Inhalt variiert von Abfüllung zu Abfüllung, viel Trollinger ist zumeist drin, Regent und Zweigelt und alles, was Albrecht Schwegler nicht gut genug für seine Edelstein-Weine ist. Da Schwegler sehr kritisch ist, landet ausgesprochen gutes Lesegut im »Oifache«. Er schmeckt würzig, bietet eine schöne Kirsche, Holunder, ist animierend saftig und frisch. In diesen Wein, der in gebrauchten Barrique-Fässern ausgebaut wurde, ist schmeckbar viel Aufmerksamkeit geflossen, und er passt wunderbar zu gegrilltem Lamm. Dass dies alles für unter zehn Euro in der Literflasche möglich ist, von einem der wenigen Cuvée-Magier Deutschlands, ist schon ein kleines Weinwunder.

Weingut Albrecht Schwegler | Steinstraße 35 | 71404 Korb | Tel. 07151/34895 |
www.albrecht-schwegler.de | verkauf@albrecht-schwegler.de

110_ Wie der Name so der Wein

Pfaffenhofen Hohenberg »Erste Lage«

Samtrot trocken •••

Es gibt wohl kaum eine Rebsorte, bei der man vom Namen so stark auf den Wein schließen kann, wie beim Samtrot. Schmelz und Fülle hat der Wein, er duftet nach Walderdbeeren und Himbeeren.

Als »Schwarzriesling-Schneider« ist Hermann Schneider in die Weinbau-Geschichte eingegangen. Denn neben Samtrot schuf er mit seinen Rebenselektionen Schwarzriesling, Trollinger und Clevner noch weitere Württemberger Klassiker. Als edelste seiner Schöpfungen gilt der Samtrot. 20 Jahre brauchte Schneider, um sein Meisterstück zu selektionieren. 1950 erhielt sie dann bei einer Taufe in der Hildt'schen Villa in Weinsberg ihren heutigen Namen − obwohl Schneiders Frau »Luisenrot« bevorzugt hätte. Sie hieß mit Vornamen Luise und hielt anscheinend nicht viel von Bescheidenheit.

Als natürliche Mutation des Schwarzrieslings liegt der Samtrot qualitativ zwischen dieser Sorte und dem edlen Spätburgunder. Man darf den Samtrot zwar deutschlandweit anbauen, er gilt aber außerhalb Württembergs nicht als eigenständige Rebsorte, sondern nur als Spätburgunder und muss deshalb unter dessen Namen verkauft werden. Diese babylonische Sprachverwirrung ist auch in Württemberg erlaubt. Viele große Kellereien nutzen das: Spätburgunder ist der trockene, Samtrot ist der halbtrockene und der Clevner der süße Wein. Angebaut wird er fast nur im Raum Heilbronn.

Das Weingut Wachtstetter baut diesen seltenen Wein in einer »Ersten Lage« nach Klassifikation des elitären »VDP« an: dem Pfaffenhofener Hohenberg. Eine faszinierende Steillage, die im unteren Teil überwiegend Gipskeuper aufweist, während im oberen Drittel Schilfsandstein dominiert. Der höchste Punkt dieses warmen Südhangs des Heuchelberges liegt bei 300 stolzen Metern. Im Keller setzen die Wachtstetters auf das Gravitationsprinzip, um Trauben, Most und Wein so schonend wie irgend möglich zu behandeln. Selbst rohe Eier können da neidisch werden!

Weingut R. Wachtstetter | Michaelbacher Straße 8 | 74397 Pfaffenhofen |
Tel. 07046/329 | www.wachtstetter.de | info@wachtstetter.de

WACHTSTETTER

PFAFFENHOFEN HOHENBERG
SAMTROT
TROCKEN

111__Der große Unbekannte

Jedes Jahr ein einzigartiger Wein

In diesem Buch finden sich viele herausragende, günstige oder außergewöhnliche Tropfen. Und doch gibt es Weine, die ich trotz intensiver Suche in Deutschland nicht gefunden habe, obwohl ich sie doch so gern, und wenn auch nur ein einziges Mal, probieren wollte.

Das hat mich fertiggemacht.

Denn ich bin von Natur aus extrem neugierig. Besonders, was Weine betrifft. Also habe ich mich entschlossen, diese Tropfen einfach selbst zu machen. Aber nicht allein. Jeden meiner Traumweine mache ich mit dem deutschen Winzer, der ihn am besten umsetzen kann. Ein Abenteuer, ein Wagnis, denn es bedeutet für das Weingut, Neuland zu betreten. Im ersten Jahr, das war 2009, gab es ein Rotwein-Cuvée, das nur aus deutschen Rebsorten bestand. Die Idee dahinter war, dass der Cuvée-Gedanke aus dem Bordelais kam und fast alle großen deutschen »Rotwein-Verschnitte« die Bordeaux-Rebsorte Cabernet Sauvignon enthielten. Warum sollte sich nur mit deutschen Rebsorten nicht etwas Vergleichbares komponieren lassen? Ich wandte mich an Deutschlands Cuvée-Spezialisten, das Weingut Knipser (siehe Seite 166). Und wo wir gerade dabei waren, kombinierten wir nicht nur vier deutsche Rebsorten, sondern auch noch Weine aus drei verschiedenen Jahrgängen. Völlig verrückt – aber es funktionierte. Im zweiten Jahr gab es dann einen trockenen Riesling vom Weingut Keller (siehe Seite 214) aus Jungfernertrag – also ein Wein aus dem ersten Jahr, in dem ein neuer Weinberg richtig Trauben trägt –, und mysteriöserweise ist dieser Wein meist von besonderer Qualität. Im dritten Jahr gab es einen großen deutschen Rosé, der die berühmten Kreszenzen aus der Provence das Fürchten lehrte. Fritz Becker aus Schweigen (siehe Seite 154) komponierte ihn. Jeder Wein wird nur in einem Jahrgang produziert, und dann nie wieder, und die Menge ist streng limitiert. Denn es geht um Entdeckungen, und die macht man schließlich auch nur einmal. Abenteuerlustige Weingenießer können im Internet anheuern, um mit auf große Fahrt zu gehen. Und eins ist garantiert: Überraschungen.

Deutsche Wein-Entdeckungs-Gesellschaft | www.weinentdeckungsgesellschaft.de | service@weinentdeckungsgesellschaft.de

Anhang

Index nach Preisgruppen

Weingut Eva Vollmer: *Dornfelder! trocken* | 224
Weingut Wilhelmshof: *Siebeldinger Königsgarten Spätburgunder Rosé–Sekt Brut* | 188
Weingut Wittmann: *Scheurebe trocken* | 226
Weingut Zehnthof - Theo Luckert: *Sulzfelder Chardonnay trocken* | 82

Preisgruppe ••• 15–20 Euro

Weingut A. J. Adam: *Dhroner Hofberg Riesling Spätlese fruchtsüß* | 98
Weingut Gerhard Aldinger: *Sauvignon Blanc »Grosse Reserve« trocken* | 242
Weingut Friedrich Becker: *Spätburgunder »B« trocken* | 154
Weingut Georg Breuer: *Riesling »Terra Montosa«* | 194
Weingut Deutzerhof: *Chardonnay trocken* | 18
Weingut Dönnhoff: *Norheimer Kirschheck Riesling Spätlese fruchtsüß* | 138
Weingut Dreissigacker: *St. Laurent trocken* | 208
Weingut Duijn: *Laufer Gut Alsenhof Pinot Noir Barrique trocken* | 28
Weingut Rudolf Fürst: *Rotwein »Parzival« trocken* | 58
Weingut Maximin Grünhaus: *Maximin Grünhaus Abtsberg »Alte Reben« Riesling Spätlese trocken* | 104
Weingut Gysler: *Huxelrebe Beerenauslese »Lichtspiel«* | 212
Weingut Heymann-Löwenstein: *Riesling »Schieferterrassen«* | 106
Weingut Hofmann: *Tauberschwarz Barrique »R« trocken* | 62
Weingut Johner: *Weißburgunder & Chardonnay trocken* | 32
Weingut Kirsten: *Weißburgunder trocken Barrique* | 110
Weingut Philipp Kuhn: *St. Laurent Réserve Barrique trocken* | 168
Weingut Peter Jakob Kühn: *Riesling »Landgeflecht« trocken* | 198
Weingut Peter Lauer: *Ayler Kupp »Kern« Alte Reben Riesling feinherb* | 112
Weingut Jürgen von der Mark: *Spätburgunder Rotwein trocken »vom Löss«* | 38
Weingut Meyer-Näkel: *Spätburgunder »Blauschiefer« trocken* | 22
Weingut Müller-Catoir: *Haardter Mandelring Scheurebe Spätlese fruchtsüß* | 170
Weingut Pauly: *Spätburgunder trocken Barrique* | 118
Weingut Joh. Jos. Prüm: *Wehlener Sonnenuhr Riesling Kabinett fruchtsüß* | 120
Weingut Schäfer-Fröhlich: *»Schiefergestein« Riesling trocken* | 148
Weingut Stein: *Cabernet & Merlot trocken* | 126

Weingut R. Wachtstetter: *Pfaffenhofen Hohenberg »Erste Lage« Samtrot trocken* | 256

Weingut Dr. Wehrheim: *Weißburgunder »Aus dem Muschelkalk – S« trocken* | 186

Weingut Weiser-Künstler: *Enkircher Zeppwingert »Große Eule« Riesling trocken* | 128

Weingut Klaus Zimmerling: *Pillnitzer Königlicher Weinberg Kerner »A« edelsüß* | 238

Preisgruppe •••• 20–25 Euro

Weingut Adeneuer: *Walporzheimer Gärkammer Spätburgunder trocken* | 16

Weingut Dr. Bürklin-Wolf: *Wachenheimer Gerümpel Riesling »P.C.« trocken* | 158

Weingut Emrich-Schönleber: *Riesling »Halgans« trocken* | 140

Weinmanufaktur Jörg Geiger: *EisApfel* | 248

Weingut Kreuzberg: *Frühburgunder »C« trocken* | 20

Weingut Balthasar Ress: *Pinot Blanc trocken (Orange Wine)* | 202

Weingut Johann Ruck: *Silvaner »Myophorium« trocken* | 68

Weingut Willi Schäfer: *Graacher Domprobst Riesling Spätlese fruchtsüß* | 122

Weingut Stahl: *Müller-Thurgau Hasennest trocken »Damaszener Stahl«* | 76

Weingut Robert Weil: *Kiedricher Turmberg »Erste Lage« Riesling trocken* | 204

Weingut Otmar Zang: *Rimbacher Landsknecht »Alter Satz« trocken* | 80

Preisgruppe •••• über 25 Euro

Ferdinand's (Zilliken & Vallendar): *Ferdinand's Saar Dry Gin* | 102

Weingut Winfried Frey & Söhne: *Essinger Rossberg Chardonnay Beerenauslese edelsüß* | 162

Weingut Gutzler: *Wormser Liebfrauenstift-Kirchenstück Riesling »Großes Gewächs« trocken* | 210

Weingut Huber: *Weißwein-Cuvée »Malterer« trocken* | 30

Weingut Juliusspital: *Würzburger Stein Silvaner »Großes Gewächs« trocken* | 64

Weingut Rings: *Syrah trocken* | 176

Weingut Stefan Vetter: *Sylvaner trocken »GK«* | 78

Weingut Wageck: *Portugieser Reserve »HW 1931«* | 184

Index nach Rebsorten

Samtrot

Weingut R. Wachtstetter: *Pfaffenhofen Hohenberg »Erste Lage«*
Samtrot trocken ••• | 256

St. Laurent

Weingut Dreissigacker: *St. Laurent trocken* ••• | 208
Weingut Philipp Kuhn: *St. Laurent Réserve Barrique trocken* ••• | 168

Sauvignon Blanc

Weingut Gerhard Aldinger: *Sauvignon Blanc »Grosse Reserve« trocken* ••• | 242
Weingut Stigler: *Ihringer Winklerberg Chenin Blanc & Sauvignon Blanc*
trocken •• | 50

Scheurebe

Weingut Müller-Catoir: *Haardter Mandelring Scheurebe Spätlese*
fruchtsüß ••• | 170
Weingut Wittmann: *Scheurebe trocken* •• | 226

Schwarzriesling

Weingut Egon Schäffer: *Pinot Rosé Sekt Brut Nature* •• | 72

Silvaner

Weingut Brennfleck: *Sulzfelder Maustal Silvaner Sekt trocken* •• | 56
Weingut Juliusspital: *Würzburger Stein Silvaner »Großes Gewächs«*
trocken ••••• | 64
Weingut Johann Ruck: *Silvaner »Myophorium« trocken* •••• | 68
Weingut Horst Sauer: *Blauer Silvaner trocken* •• | 70
Weingut Stefan Vetter: *Sylvaner trocken »GK«* ••••• | 78

Spätburgunder

Weingut Adeneuer: *Walporzheimer Gärkammer Spätburgunder trocken* •••• | 16
Weingut Friedrich Becker: *Spätburgunder »B« trocken* ••• | 154
Weingut Duijn: *Laufer Gut Alsenhof Pinot Noir Barrique trocken* ••• | 28
Weingut Toni Jost: *Spätburgunder »Roter Hahn« trocken* •• | 88
Weingut Klostermühle Odernheim: *Spätburgunder Rotsekt »Montfort«*
Brut •• | 144
Weingut Jürgen von der Mark: *Spätburgunder Rotwein trocken*
»vom Löss« ••• | 38
Weingut Meyer-Näkel: *Spätburgunder »Blauschiefer« trocken* ••• | 22
Weingut Pauly: Spätburgunder trocken Barrique ••• | 118
Weingut Claus Schneider: *Spätburgunder Weiler Schlipf CS* •• | 42

Rotwein-Cuvée

Weingut Geheimer Rat: Dr. von Bassermann-Jordan: *Secco Rosé* • | 164

Weingut Rudolf Fürst: *Rotwein »Parzival« trocken* ••• | 58

Parfum der Erde: *Schillerwein trocken*
    (60% Spätburgunder / 40% Riesling) • | 250

Weingut Albrecht Schwegler: *Rotwein-Cuvée »d'r Oifache« trocken* • | 254

Weingut Stein: *Cabernet & Merlot trocken* ••• | 126

Besondere Weine

Alle Weine in diesem Buch sind besonders, einige davon sollen hier der
Übersichtlichkeit halber noch einmal gesondert aufgeführt werden. Und
zwar Rosé-Weine, Sekte, halbtrockene sowie süße Weine:

Halbtrockener Wein

Wein- & Sektgut Bamberger: *Gewürztraminer Sekt halbtrocken* • | 132

Weingut Hahnmühle: *Riesling & Traminer Oberndorfer Beutelstein Spätlese*
    feinherb •• | 142

Weingut Dr. Randolf Kauer: *Bacharacher Kloster Fürstental »Alte Reben«*
    Riesling Spätlese feinherb •• | 90

Klosterweingut Abtei St. Hildegardis: *Riesling feinherb »Pilgertrunk«* • | 192

Weingut Peter Lauer: *Ayler Kupp »Kern« Alte Reben Riesling feinherb* ••• | 112

Weingut Matthias Müller: *Riesling »Edition MM« feinherb* •• | 92

Süßer Wein

Weingut A. J. Adam: *Dhroner Hofberg Riesling Spätlese fruchtsüß* ••• | 98

Weingut Borell-Diehl: *Flemlinger Herrenbuckel Rieslaner Auslese*
    fruchtsüß • | 156

Weingut Dönnhoff: *Norheimer Kirschheck Riesling Spätlese fruchtsüß* ••• | 138

Weingut Winfried Frey & Söhne: *Essinger Rossberg Chardonnay Beerenauslese*
    edelsüß ••••• | 162

Weinmanufaktur Jörg Geiger: *EisApfel* •••• | 248

Winzerhof Gussek: *Kerner fruchtig* •• | 230

Weingut Gysler: *Huxelrebe Beerenauslese »Lichtspiel«* ••• | 212

Weingut Dr. Heigel: *Zeiler Kapellenberg Bacchus Literwein lieblich* • | 60

Weingut Keller (Flörsheim-Dalsheim): *Beerenauslese »Pius« edelsüß* •• | 214

Weingut Lothar Kettern: *Piesporter Goldtröpfchen »Philipp« Kabinett*
    fruchtsüß •• |108

Schaum- und Perlwein

Rosé-Wein & Rotling

Orange Wine

Deutsches Weininstitut/www.deutscheweine.de

Danksagung und Quellen

Dank an den leider verstorbenen Heinrich Burbach für seine Tatkraft und Muskeln, Ralf Thomas für seine Nase, Ralf Kaiser für seinen kritischen Blick, meinen Vater für seine scharfen Augen sowie seine Kühlschränke und an die deutschen Winzer für ihre Weine, über die es lohnt, ein solches Buch zu schreiben – und auch noch richtig Spaß dabei zu haben.

Für die Recherche wurde unter anderem auf den Brockhaus Wein, das Oxford Weinlexikon, den Großen Johnson, Henns Weinführer Mittelrhein, Henns Weinführer Ahr, das Weinmagazin »Vinum«, den Gault Millau WeinGuide Deutschland, den Eichelmann – Deutschlands Weine und die Schriften von Thomas Riedl zurückgegriffen.

Der Autor

Als Carsten Sebastian Henn 2002 mit »In Vino Veritas« den ersten Roman um den Heppinger Sternekoch und Hobbydetektiv Julius Eichendorff schrieb, ahnte niemand, dass daraus einmal die erfolgreichste kulinarische Krimi-Reihe Deutschlands werden würde. Die Mischung aus verzwickten Mordfällen, einer Portion Kulinarik, einem großen Schuss Wein und einer guten Prise Humor wurde von der Kritik gefeiert und fand auf Anhieb unzählige Leser – und mit jedem neuen Band wurden es mehr.

Carsten Sebastian Henns Lesereisen führten ihn ins In- und Ausland, und mit Jürgen von der Lippe konnte einer von Deutschlands ganz großen Entertainern und Kabarettisten dafür gewonnen werden, die Fälle als Hörbücher einzulesen. Als Chefredakteur von Deutschlands alljährlich erscheinender Weinbibel, dem »Gault & Millau WeinGuide Deutschland« und als Redaktionsleiter Deutschland von »VINUM – Europas Weinmagazin« verkostet er Jahr für Jahr tausende von Weinen. An der Mosel keltert er mit Freunden einen eigenen Wein von wurzelechten Rieslingreben in der Lage St. Aldegunder Himmelreich – und weiß dadurch aus erster Hand, wie viel Arbeit und Schweiß das Winzerleben bedeutet.

Der Fotograf

Tobias Fassbinder, geb. 1988 in Köln, beendete seine Fotografenausbildung 2010. Sein Ausbildungsbetrieb »Berndt Fotografie« ermöglichte ihm einen weitläufigen Einblick in die Werbefotografie. So konnte er bereits 2011 sein eigenes Werbestudio im Herzen von Köln eröffnen.